名师名校名校长

凝聚名师共识
回应名师关怀
打造名师品牌
培育名师群体

程晓远题

智慧语文：写给渴望向上生长的您

谢春婷 著

吉林文史出版社

图书在版编目（CIP）数据

智慧语文：写给渴望向上生长的您 / 谢春婷著. —
长春：吉林文史出版社，2023.5
ISBN 978-7-5472-9408-6

Ⅰ.①智… Ⅱ.①谢… Ⅲ.①小学语文课—教学研究
Ⅳ.①G623.202

中国国家版本馆CIP数据核字（2023）第083939号

智慧语文：写给渴望向上生长的您
ZHIHUI YUWEN: XIEGEI KEWANG XIANGSHANG SHENGZHANG DE NIN

著　　者：谢春婷
责任编辑：刘姝君
封面设计：言之凿
出版发行：吉林文史出版社
电　　话：0431-81629369
地　　址：长春市福祉大路5788号
邮　　编：130117
网　　址：www.jlws.com.cn
印　　刷：北京政采印刷服务有限公司
开　　本：170mm×240mm　1/16
印　　张：13
字　　数：208千字
版 印 次：2023年5月第1版　2023年5月第1次印刷
书　　号：ISBN 978-7-5472-9408-6
定　　价：58.00元

卷 首 语

爱的力量

教师是"千教万教，教人求真"，学生是"千学万学，学做真人"。理想信念是好教师的人格基石，做一名好教师，首先要有理想信念，有怎样的教师就会有怎样的教育，有怎样的教育就会培养出怎样的学生。因此，教师要树立崇高的理想信念，以教书育人为己任，不仅自己要"求真"学做"真人"，同时还要教学生"求真"，教学生学做"真人"，这样的教师才是好教师。

现代社会，快节奏的生活方式、激烈的竞争，使教师压力非常大，最大的压力来源于对教师的考核评价。对教师的考核评价是以教师的教学质量作为标准的，这是导致无数教师焦虑的诱因。在这样的环境下，教师更要静下心来，专注地做好教学工作，认真地做好教育教学研究，任何情况下都不能带有功利心，因为一旦有了功利心，人便有了投机取巧之心，不管外界怎么改变，教师都要恪守师德标准，不要让自己的人生价值和行为规范发生倾斜。教师要去掉不劳而获和急功近利的浮躁，回归平静，学会用淡泊名利的心态看待周围的一切，心无杂念，一心参与教育教学研究，不忘初心，专心育人。

新时代教师的使命与担当要求我们不仅是"经师"，更是"人师"。在教学工作中，要树立坚定的理想信念，做一个有理想信念的好教师；要有文化自觉，了解、欣赏、热爱、传播中华民族优秀传统文化；要忠诚于党和人民的教育事业；要做社会主义核心价值观的实践者和传播者。在平凡的教书育人的岗位上，教师踏踏实实教书，不计较个人得失，为学生树立良好的榜样，做学生的引路人，用言传身教去育人，带领学子扣好人生的第一颗扣子，做一名塑造灵魂、塑造生命、塑造人的工程师。

做好教师，要有道德情操。要遵守师德，如果忽略了师德修养，便失去了教师职业立足之本。要将师德建设融入教师整体素养的提升上。正所谓"上所施，下所效"，教师的示范作用会潜移默化地影响学生，同样，教师不好的行为也可能对学生的身心健康造成伤害，所以教师要具备高尚的道德情操，教师要热爱学生，关爱学生。学生是祖国的花朵，教师是辛勤的园丁，园丁的职责就是为花朵适时浇水、施肥、松土、修剪枝条，在学生灰心失意时，为学生加油鼓劲；在学生犯错时，为学生点亮一盏指路明灯，照亮他们的前路，修正他们的错误思想，帮助他们走出困境。

于漪老师说："一辈子做教师，一辈子学做教师。""我一辈子奉行的就是教书育人、立德树人，人始终是第一位。"在学生的培养上，教师要尊重学生的个性化发展，注重发展学生的智力，培养发展型、创新型人才。教师要想课堂40分钟有质量，在课前就要做好大于40分钟的准备工作，做好教材文本解读、了解学生的学习情况、精心设计教学预案，以及课堂的教具、学具准备，只有充分做好课前准备，才能确保课堂教学的质量。在课堂上，教师要面向全体学生，关注每个学生，让每个学生都积极参与到学习活动中来，切忌"教师中心论""一言堂""满堂灌"的教学模式。教师要创设学生的学习活动，让学生在学习活动中学习、思考、发展，使课堂生动、活泼、有趣，提升课堂教学的魅力，让学生愿意上您的课、喜欢上您的课，这才是一位成功的教师。教师不能仅仅为了提高学生的分数，无休止地增加学生的学业负担，更不要为了学生的分数，让学生成为"做题的机器"，因为这对学生的伤害是隐形的也是长期的；不要错误地认为"题海战术""刷题"是帮助学生取得高分，是为了他们的前途着想，学生通过大量"刷题"在短期内是能提高一些分数，但从长远来看，这对学生的身心发展却是有害的，甚至有些学生因为过度"刷题"，从而失去了对学习的兴趣、对知识的渴望。教育的目的不仅仅是让学生学会知识，还要让学生在学习知识的同时，学习一种思维方式。让学生在学习中学会思考，这才是教育的深层目的。

当今，教育发展处于新常态，教师的发展也处于新常态，我们作为新时代的教师，随着时代的发展，呼唤更多教师实现从"教书匠"到"教育家"的发展。那什么是"教书匠"？"匠"在中国古代是对那些在某方面具有精湛技巧的师傅的称呼，如常见的木匠、泥瓦匠等，他们的共同特点是都有熟练的技巧却缺少专业的理论知识，他们知道如何操作，但少有人知道这些操作背后的原理。"教书匠"也是如此，我们会教书，却缺少教书背后的理性思考和总结提升，即"知其然而不知其所以然"。虽然我们不可能要求教师都能成为教育家，但教师应有当教育家的理想信念、扎实的学识，树立一个不断探索创新的信念，并向这个理想信念而努力。

做好教师，要有仁爱之心。教育是一门"仁而爱人"的事业，爱是教育的灵魂，没有爱就没有教育。好教师应该是仁师，没有爱心的人不可能成为好教师。教育风格可以各显身手，但爱是永恒的主题。教师的爱，既包括爱岗位、爱学生，也包括爱一切美好的事物。这一点，笔者深有体会。作为一名教师，要明确师德在教师核心素养中的重要地位。在现实中，如果师德缺失会严重破坏教师职业的主体形象，因此，教师对学生要有以人为本、以生为本的教学理念，要敬业爱岗、爱生护生。没有爱就没有教育。爱是一切教育的源泉，没有爱的教育是没有温度的教育，教师只有对学生关爱、对职业热爱，才能有源源不断的工作动力。教师只有热爱教育，才有动力去提升自己的学科知识；教师只有热爱学生，才会认真去吸取先进的教学理念以改进教学；教师只有热爱本职工作，才会让自己具备高尚的道德情操进而影响学生；教师只有具备人文关怀、严谨的学术作风，才会引领学生对真、善、美的追求。

爱是筑起教育的基石，爱是维系师生关系的纽带，爱是架起理想与希望的桥梁。爱是一种力量，一种无形的力量，它能点燃学生的兴趣，点亮学生的人生，教师要用自己扎实的学识与独特的教学魅力，促进学生健康、快乐地成长。愿教师努力做一名有理想信念、道德情操、扎实学识、仁爱之心的好教师，做党和人民满意的好教师。

前言
FOREWORD

不忘初心，扎根乡村教育

2021年7月25日，时值炎热的夏季，外面骄阳似火，炙烤着大地，当脑子在工作的时候，确实能在这炎炎的夏日为我的血液降温，让我冷静下来思考更多关于乡村教育的问题。希望读者阅读了本书后能多思考，愿本书能让您在教师专业成长的道路上有所启发，有所收获。

一、乡村的孩子

乡村的孩子朴实无华。在二十三年的农村教育生涯中，在与农村孩子的朝夕相处中，我感受到农村与城市的区别还是很大的。独处的时候，我经常思考：首先是成长背景，大多数城市孩子的父母都接受过良好的教育，甚至连祖父祖母、外祖父外祖母都接受过高等教育。在这样的环境当中，教育、书籍、文化艺术氛围，以及生活方式对他们都会有深刻的影响。加上与家长的朋友、幼儿园的孩子接触以后，他们也会受到不同层面的影响。相对来讲，他们的学习条件会比农村孩子的学习条件优越得多。城市里的父母还会带孩子去旅游，这样不仅能增长见识还能开阔心胸，这样成长起来的孩子在知识和见识方面，也是很多农村孩子无法相比的。其次是生活环境，城市孩子接触的是公路、高楼、超市、购物中心这类方便、舒适、快捷的生活方式，而农村孩子平时接触的是土地、村庄、乡俗等，虽然偶尔进城或者去趟县城，所接触的消费环境跟城市还是有一定的差距的。最后是在学校教育层面，教学资源、师资力量等方面，农村的学校跟城市的学校还是有一定差距的，很多乡村学校师资力量相对薄弱，师资配备和硬件设施也跟城市有所区别。

随着时代的发展，农村劳动力流入城市，农村留守儿童居多，家里只有爷爷奶奶看管，爷爷奶奶年事已高，有心无力，疏于管教，加上越来越先进的手机和日益丰富的电视节目，孩子很难静下心来读书。

由以上情况可见，农村孩子和城市孩子之间还是存在一定差异的。由这些差异引起的思想观念、人生观、价值观等方面也会有一定的差距。

二、乡村的教师

西岸镇是一个既有进士文化，又具备英雄情结的地方，我结缘于此，并在这里扎根乡村教育，想来是一种缘分。在青山绿水之间，我对乡村教育思考良多：从宏观上看，广东省的教育区域发展水平不平衡，粤东、粤西、粤北的教育水平明显落后于珠三角的教育水平，在"两基"的普及、师资力量，包括家庭教育支出等方面，都比不上珠三角地区。在粤北地区，学校校舍的硬件设施建设虽然跟上去了，但师资队伍的软件建设方面仍需要极大的投入与努力：老教师不断退休；新教师即使来到农村任教，可是其教学经验不足；中青年教师学习力不足，依然是穿新鞋走旧路，教学缺乏活力。

百年大计，教育为本。2021年5月11日，第七次全国人口普查主要数据公布，居住在乡村的人口约为50979万人，约占总人口的36.11%。振兴乡村教育，特别是农村地区的教育，只有切实保障农村教师的待遇，稳定农村教师队伍，提升教学质量，才能留住教师，才能真正从根本上提高国民素质，为我国经济建设提供源源不断的人才。

1999年，我从中等师范毕业后，被分配到西岸镇中心小学教书，一干就是二十多年。还记得当年刚从中等师范毕业的我，只是一个19岁的小姑娘，有许多同龄的同学也奔赴各镇各乡；当年的很多女同学，连饭都不会做。我们第一次离开家，第一次自己做饭，第一次站上了三尺讲台，被和自己身高差不多，甚至比自己还高的小孩子称为老师。大家都依靠从学校里学到的知识，进行传道、授业、解惑。在我的教学生涯的第一个十年里，我都是自己成长，很少有机会出外学习，更没有参加培训学习的机会；直至2012年，这是我教学生涯的一个转折点，我有幸参加了广东省骨干教师的培训。在那时，广州对我来说，还是比较陌生的城市，能去广州培训学习可是件特别幸福的事儿。在广州第二师范学校的培训中，广州第二师范学校中文系桑志军教授是我的班主任，当年桑教授对我的鼓励和支持成了我——一个乡村教师专业发展的动力源泉。因为我是一名中师毕业生，没有进过大学校园，这是我第一次听高校专家的讲座，教授的风格幽默风趣，寓理于娓娓道来中，高校教授的理论指引对当时的我可谓是一盏指路明灯。很多人都说，培训的时候心情很激动，培训结束后却"一动不动"。可是，我没有，培训结束后，2013—2016年我承担了清远市名师工作室主持人的工作，其间工作任务并不轻松，当时，我教的是小学一年级的语文并兼任班主任。在农村地区，一年级的孩子就如同一张白纸，都是零基础，识字量不多，要从一个个声母开始教，从一个个简单的字开始教。一年级的学生生活自理能力还比较弱，课间十分钟教师也需要留在教室里照看他们。在这样繁忙的教学工作中，工作室主持人的工作怎么开展呢？我都是在下班后，晚上才有工夫处理工作室的工作。还记得那时，饭桌的一角就是一台笔记本电脑，我经常吃了晚餐就开始在电脑上写方案、做计划、修改论文等。就是这样，我在不懈的努力，在日常教学实践和工作室工作中，不断引领工作室成员共同成长，很多工作室成员在进入工作室之前不会撰写论文，不会开展专题讲座，课堂风格也尚未形成，他们经过三年的工作室专业研修都成长了，成长为乡镇的骨干教师，能引领其他教师的成长。所以，这个过程虽然累，却非常有意义，因为通过工作室，起到了传帮带的作用，让更多的乡村教师得到了专业成长，从而能更好地服务于我们的乡村教育。

2018—2020年，我再次进入广东省何建芬名师工作室学习，成为一名入室学员，有些教师听说后非常惊讶："你为什么参加这么多次名师工作室学习？"我只是默默不语，因为我知道，我所说的别人不一定相信，很多事情都必须自己经历过才知道：广东省名师工作室就是一个名师成长孵化器，正因为从2012年至2021年间连续十年的专业化学习与实践，我才成长为2021—2023年广东省新一轮名师工作室主持人。感恩广东省名师工作室这一培养平台，同时感谢自己选择了持续性学习，我用事实证明了"选择大于努力"这句话的真实性。

目 录

CONTENTS

第一章

遵循教师自主生长理念，指向教师的专业发展

无论就男性或女性来说，我认为实际上只能划分为两类人：有思想的人和没有思想的人。其所以有这种区别，差不多完全要归因于教育。

——卢梭

第一节　教师自主生长理念

有这样一句很有意思的话——有思想的教师不一定能成为名师，但名师一定是位有思想的教师。有思想的教师为什么不一定能成为名师呢？是因为他缺少了切合实际的"成长路径"。过去我一直没有研究过自己的成长路径，直到遇到湖北第二师范学院的潘海燕教授，在他的引导下我启用逆向思维，让时光倒流，我自己的成长结果"倒逼"出我的成长路径，我这才发现在教师职业生涯中遵循教师自主生长理念，的确是能带领普通教师走向智慧与卓越的。

教师自主生长理念是湖北第二师范学院潘海燕教授及其团队，根据他自己长期对"发生认识论""学习型组织理论""教育生态学""行动研究与叙事研究方法""情境学习理论""自我导向学习理论"等前沿教育理论成果的研究，在十多年的时间里，经过一百多所中小学的多轮实验，总结提炼出来的一种教师专业发展过程理论。研究团队在实践探索的基础上，建构出了基于教师"自我经验"，借助教师"专业发展共同体"的中小学教师发展路径，即在亲身体验中提炼事例经验—在系列事例经验中整合出类经验—将系列类经验凝集成个人经验体系—在反复应用中生发实践智慧。

我结合自己从一名普通的乡村教师发展为广东省名师工作室主持人的成长之路，谈谈工作室成员如何借助工作室这个"专业发展共同体"，遵循教师自主生长理念，实现教师的专业成长。终身学习、终身发展是教师职业的显著特征。在农村地区，教师年龄普遍偏高，我自中师毕业以来没有知识的更新，但职前教育的知识已经十分陈旧了。如何进行知识的更新呢？这就需要教师坚持职后学习，职后学习是普通教师成长为优秀教师的重要途径之一。但是，职后学习培训每年参加的不少，收效却很小。因为，教师是一个具有主观能动性的个体，教师必须对自身的发展需要予以唤醒、规划、调控才能有意义，教师对自身发展的需求应当出自内心，自觉地发展，才能调动教师成长的积极性，否则一切只是流于形式。在教师的专业成长生涯中，名师工作室能为教师搭建专业学习的共同体，名师是教师实现专业成长的唤醒人、领路人。

一、自醒赋能

要想实现教师的专业成长，首先要成为一名"有思想"的教师。这思想从何而来？当然是从自修—反思中而来。自修是自主研修，反思是自主反思。基于自主生长理念的自修—反思研修模式更注重研修的自主意识，自主意识是指自己主动，不受别人支配，其表现为教师学习的主动性。自主意识在个人的成长中为什么如此重要？我们都知道一些普遍的道理，如"牛不喝水，你怎么按它的头，它也不愿意喝"，人也一样，他不想学，就算怎么要求他，他也不愿学，或是马虎应付。俗话说"师傅领进门，修行在个人"，从哲学的角度看，工作室主持人就好比是师傅，是外部矛盾，也叫外因；工作室成员则是内部矛盾，也称为内因。外因与内因之间是有主次之分的，内因是主要矛盾，是根本，是内在动力。工作室成员的成长来源于其发自内心的渴望。因此，工作室成员首先要想成长为名师，工作室主持人的首要职责是唤醒，工作室主持人通过自己的人格魅力和职业责任心唤醒工作室成员，只有唤醒他的自主意识，调动其内部的动机，只有其自己愿意学，他才有可能学有所成。

二、自修赋能

工作室学员的成长，跟在校学生的学习成长完全不同。教师的职后学习是一种经验性的学习，是建立在教师自身已有经验和技能基础之上的，工作室学员的成长根植于其每天的工作中。在工作室中，要在自修—反思的研修模式下，通过以下的自主研修方式，得到成长。

1. 主题课堂实践

上好每一堂课，是对教师最基本的要求。课堂是教学的主阵地，教师的教学思想如何创新，终归是要落实到课堂中去，以课堂的实效作为检验其是否合理的标准。怎样的课堂才是一堂好课呢？关于一堂好课的标准有很多不同的定义，正所谓各师各法，以学定教，因地制宜。查阅相关资料，有评价一堂好课的标准，具体内容如下：

（1）教学目标明确。

（2）教学重点突出。

（3）教学内容正确。

（4）教学方法得当。

（5）教师表达清晰。

（6）教学组织严密。

（7）教学气氛热烈。

除了以上这七大标准，我认为，一堂好课的标准，还可从课前、课中、课后三个纵向的维度去考量，即：课前准备是否充分；课中是否能关注每一个学生的发展；课后是否有反馈追踪，是否做好了反思测评。

2. 教学观摩活动

教学观摩活动分两类：外出学习和网络课例观摩。不管是哪一种观摩活动，都是教研自主研修的一种好的方式。教师在观摩课例的过程中，不能为了观摩而观摩，而是要带着谦虚学习的心，认真学习。学习课例中教师的课堂教学设计、课堂教学艺术、课堂调控能力、教学语言、肢体语言、板书设计等。在观摩的过程中，教师要认真做好课堂听课记录，对比反思，取长补短，坚持每周观摩一节优秀课例。在自主研修中，教师要认真反思，这样才能迅速提升自己的课堂教学水平。

3. 多向学习研修

不管是工作室的成员，还是普通教师，都应当形成终身学习、持续发展的理念。在业余时间，教师应进行多向学习研修，多向学习包括网络研修和每日研修。为了提升教师的教学基本功，工作室成员要养成参加每日专业研修的好习惯，进行三笔字练习、普通话练习、专著阅读。在网络专业研修方面，教师要根据工作室主持人的安排，定期学习特色教学思想及国内外最先进的教育教学理念，与国际教育接轨。教师在自主研修的过程中，学习和提升自我，只有打下扎实的理论基础，才能养成敏锐的理论嗅觉，才能善于在实践中发现和提炼自己的教学小经验。

三、自省赋能

反思是教师实现专业发展的一个重要方式。叶澜教授说过："一个教师写一辈子教案难以成为名师，但如果写三年反思则有可能成为名师。"关于"教学反思"这个词，教师并不陌生，有些教师也许会说："我也写了好多年的反思，为什么还成不了名师呢？"究其原因，是因为很多教师写的反思只是一种应付式的反思，对教学反思的重要性认识不足，认为写教学反思是学校教研组布置的任务，并没有真正地反思课堂教学，这样的反思不仅不会使其提升，反而会变成一种负担。如果教师仅仅把写反思当作一种任务，而不是从深层次对自己的教学进行思考，那么写再多的反思也没有任何意义。自主生长理念主张"自我经验=经验+反思"，自主生长就是在反思下的"重新自我建构"，是立足于"自我经验"维度下的个性化发展。既然反思如此重要，那么教师应该从哪些维度进行反思呢？教师可以从以下三个维度进行反思：维度一，课前对学生的学情进行评价反思；维度二，课中对学生的学习情况进行反思；维度三，课后对学生的学习效果进行评价反思。在教学反思中提取事例经验，事例经验日积月累便会形成类经验。

四、自信赋能

要做一位有思想的教师，首先要自信，要敢于从自己的课堂教学中提取有价值的事例经验。以下结合我自身的成长经历，谈谈如何从教学反思中提取事例经验。回忆过往的教学经历，我在很长一段时间里从事三年级的语文教学工作，三年级的教学难点主要是习作教学。三年级习作是重点和难点，既令教师为难，又让学生头痛。正因为有这样的困惑，所以我在习作方面进行了探索。在实践中我发现，如果仅仅在习作时才要求学生进行习作，那么因为学生没有前期的习作素材积累和习作表达方式学习，强行让学生在40分钟的时间内完成习作基本上是不可能的。于是，我尝试在单元课文教学中，结合单元习作，有机地将单元习作任务细分到每一节课的阅读教学中去，在学生对课文进行充分的阅读后，再进行小练笔。这样把单元习作任务有机分解到单元课时当中去，等正式到了单元作文时，学生写起来便轻松很多，写作文也就不再是一件令人头痛的事了。尝到了这样的甜头后，我又计划让阅读与习作结合得更紧密一些，于是我进行了"梯度式的随文练笔"尝试，进行了题为"在小学三年级习作教学中试行'梯度式随文练笔'的行动研究"省级子课题的研究，在每节课的随文练笔中提炼出事例经验（图1-1-1）。

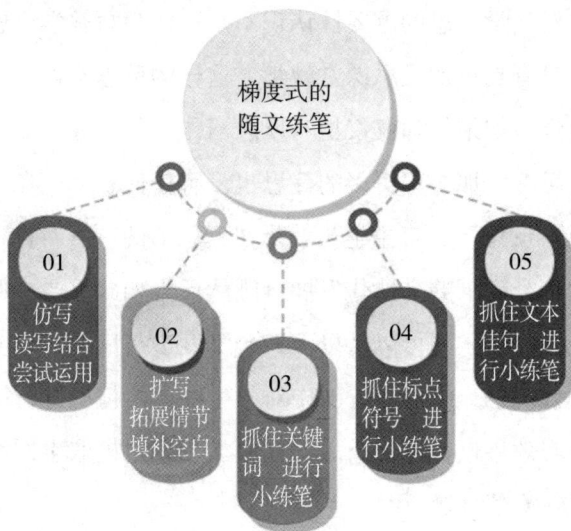

图1-1-1

第二节　事例经验

一、事例经验解读

潘海燕教授的自主生长式理念提出的是自我经验的初级阶段，是教师在教学实践中积累的关于某一教学事件的体验感悟和认识，具有真实性、独特性、单独性的特点。那么，什么是事例经验？从理论上看，事例经验似乎有点不好理解，实则事例经验就在我们身边。生活中，有各种各样的事例经验，如选西瓜，通过先看皮色、听声音、看瓜蔓、用手掂量等经验，挑选出"奔驰西瓜"。又如，生活经验、处事经验、人际交往经验等。生活中的经验可以让我们避免一些错误，及时做出正确的决定，相应地解决好问题。在某种程度上，经验对生活中的人或事都起着推动作用，可以帮助人们更容易到达成功的彼岸。可是，在教学实践中，教师缺少了一双"慧眼"，对我们自身的事例经验常常视而不见。

二、如何发现事例经验

教师在每天的教学实践中积累了大量有关教学的事例经验，例如，用什么方法转化学困生？用什么方法让学生更快地背诵课文？用什么方法让学生不再害怕写作文？其实，教师都有很多这样的事例经验，每一节课都有每一节课的"经验"，可惜的是教师在每天忙忙碌碌的教学工作中，并没有抽出十分钟，也没有静下心来想一想在今天的教学中有哪些与平时不同的地方，然后再把这些不同之处聚焦、放大、思考，用笔记录下来。其实用笔写下来的就是最真实的反思案例，只是教师平时都忽略了太多这样好的反思案例，教师的反思只是应付式地写写，这样对教师的专业成长一点用处也没有。

记得有一次学校的常规听课，听课班级有一个调皮的小男孩，他平时都是坐不住、调皮捣蛋的。这天有教师来听课，他更是兴奋，跃跃欲试。导入新课时，教师请学生朗读课题，这个小男孩高高地举起手，喊着说："我来读，我来读。"如果换了其他教师，可能不会请他读，因为担心他会读不好，可是这位教师却说："请你来读。"这个小男孩站起来读课题，虽然只是一句"为中华之崛起而读书"，小男孩却读了好几遍。第一遍读的是"为中华之起而读书"，因为他不认识"崛"字，所以他就忽略不读了，教师耐心地教他读几遍"崛"字，终于教会了，这个男生完整地读了一次："为中华之崛起而读书。"这时候他以为教师会让他坐，可是没有，而是继续教他有感情地朗读，不要唱读。就这样，来回读了几遍，最后教师还奖励他一朵小红花，小男孩拿着小红花美滋滋地回到了座位上。这节课他坐得腰板直直的，整堂课都表现为注意力专注。课后，我们评课时，语文学科组教师围坐在一起，大家都在讨论教学上的目标达成度、教学难点是否突出，却没有教师关注到调皮的男生在这节课堂上的变化。评课结束后，我单独和授课教师聊起小男孩在课堂上的表现，令我有点惊讶的是，授课教师说："我没留意到哦，只顾着上课了。"从这件事上，我反思到：我们在课堂上往往也有这样的"小事例"，可是却常常被我们忽略了。其实从这个事例里，可以提炼出多向的事例经验，如"如何帮助学困生爱上语文"的小经验，从大处思考就是鼓励与关注学困生，可以帮助学困生爱上语文；从细处着手，则可以让学生从读题目入手，帮助学困生爱上语文课。如果教师能关注到这一事例经验，再对这一事例经验进行拓展，就会探索出更多帮助学困生爱上语文课的事例经验。其实人的大脑对熟悉的经验不再处理，正所谓"入鲍鱼之肆，久而不闻其臭""入芝兰之室，久而不闻其香"。这一教学事件让我产生了思考：事例经验在我们身边比比皆是，一线教师缺的不是事例经验，而是缺少发现事例经验的慧眼，导致教师自身的事例经验沉睡了。平时我们的培训虽然会传授给教师很多教育教学的方法，却从没有启发过教师唤醒他自己教学中的事例经验，其实每位一线教师都是一个事例经验的宝藏。

三、提取事例经验的法宝

提取事例经验的法宝就是：用心发现—多向思考—理论表达。教师要用心发现教学事例经验，并对事例经验进行多方向的思考与分析，从中挖掘出积极的要素，并记录下来，为日后类经验的形成做好铺垫。提取事例经验最常见的理论表达方法除了撰写教学反思外，还有写教学日记、教学叙事等。现在简单介绍一下这三种提取事例经验的表达方法。

（一）教学反思

一些教师虽然经常写教学反思，却从未认真对待。其实，写教学反思是在用心发现和多向思考的基础上进行的，教师只有从心灵层面上反思才是真正的反思，才能改变自己的教学行为。

1. 教学反思的种类

从时间序列划分，教学反思可分为课前反思、课时反思和课后反思；从内容上去划分（以语文教学为例），教学反思又可分为阅读的反思、习作的反思、口语交际的反思、实践与综合的反思；从运用的方式来划分，教学反思还可分为教学方法的反思、教学内容的反思、教学手段的反思；等等。总之，无论运用哪种反思方法，都要从大处着眼，从小处着手。

2. 教学反思的实践应用

教学反思是理论表达的一种基础方式，我们应该养成良好的教学反思习惯。教师对自己的事例经验进行理论表达的能力不是一朝一夕就能拥有的，这需要不断地磨炼和积累。教师要想学会理论表达，就需要不断地练习理论表达。对初学者来说，最好的理论表达方式就是写教学反思，在教学中养成"一课三反思"的习惯，及时把反思的结果记录下来。"一课三反思"是指在教学一篇课文时，要经历"课前、课中、课后"的三重反思。

（1）课前反思的重要性

课前教师要对自己的教学设计进行反思：这样的教学设计的目标是什么？重点是什么？难点是什么？使用什么教学手段？学情怎么样？抓住其中一个点进行反思，反思自己的课前预设是否合理，然后可以根据反思对教学设计进行适当调整。很多教师都会在课后进行反思，却没有对课前进行反思的习惯。其实，课前反思十分必要，教师在课前记录下本课的目标、目标达成度、学情等，这样课堂中就会减少许多障碍，让课堂教学环节更加流畅。

案例：《乡下人家》课前反思

课前反思就是上课前对课文的教学目标、教学内容、教学流程、教学效果等内容进行预设和反思，以保证课堂教学效果。

一、课前教学目标预设的反思

课前教学目标的预设，不仅要关注课时目标，还要考虑单元教学目标。《乡下人家》是统编版语文四年级下册第一单元的一篇精读课文，本单元的主题是"纯朴的乡村，一道独特的风景，一幅和谐的画卷"。本单元的教学目标是要求学生通过学习本单元的课文，"抓住关键语句，初步体会课文表达的思想感情。写自己喜爱的某个地方，表达出自己的感受"。结合单元教学目标，我制定了《乡下人家》的教学目标。

1. 生字目标。

2. 边读边想象画面，了解课文内容，和同学交流自己喜欢的一处景致。这是本课的教学重点。

3. 抓住关键词句，初步体会作者对乡村生活的喜爱和赞美之情。这是本课的教学难点。

4. 积累课文中生动形象的句子。

以上教学目标，都是围绕单元教学目标进行预设的。对课文教学目标进行预设后，要反思设定这样的教学目标是否符合学生的学情和知识水平，并根据学生的学情进行适度的修改。

二、课前教学内容选择的反思

教师在上课前，需要对课堂教学内容进行选择，而不是通篇讲、逐字逐句地讲。《乡下人家》这篇课文共有7个自然段。那么该怎么教学呢？无论是长文还是短文，教师在课堂教学过程中，都不可以对教学内容不加选择地进行照本宣科的讲授，我们应该对课文教学内容进行选取。课文中第1自然段，主要描写瓜藤攀架图；第2自然段主要写花开三季图；第3～4自然段写鸡鸭觅食图；第5自然段主要写门前晚餐图；第6自然段主要写秋虫夜吟图；第7自然段是对全文的总结。作者陈醉云通过优美的语言文字，为我们描绘了5幅美丽的画卷，那我们在课前教学反思的时候就应该反思：如何处理这5幅画面？是每一幅画面都去学习吗？教师应做一个课前的预设反思，对文中的第1自然段，可以让学生边读边画出描写瓜藤动作的词语，让学生思考作者是如何描写屋前瓜藤的；第2自然段，可以引导学生边读边想象画面，勾画出乡下人家都养了哪些花，并思考作者为什么说这些花"朴素中带着几分华丽"；第3～4自然段，边读边想象画面，体会乡下人家生活的情趣；第5～6自然段，边读边想象画面，同时画出表示时间、地点和乡村生活的词句。教师通过课前反思，可以为学生选择合理的学习内容。

三、课堂教学流程的反思

课堂教学效果的好与坏，还取决于教师对教学流程的选择。课前教师要对自己所设计的课堂教学流程进行反思：这样的教学流程是否有助于学生完成学习任务？是否能激发学生的学习兴趣？课堂教学流程是否有效？如《乡下人家》这一课，按照"五环多维"的教学模式进行课堂教学设计，主要分为听、说、读、思、写五个环节：第一环节，聆听课文朗读，通过朗读，想象画面，感受乡下田园风光之美。第二环节，在聆听的基础上，把聆听过程中的所思所感跟同学分享。第三环节，多式读文，即通过多种朗读方式（如精读、品读、创读），理解课文内容，感悟作者感情；第四环节，思维训练，即通过围绕课后选做题"你眼中的乡村景致是怎样的？用一段话写下来。"和课件展示，搭建思维训练的支架，如展示学生周边熟悉的乡村风景图、视频，为学生创设情境，让学生置身于情境中，由景而发，学生用不同的词汇句式表达自己眼中的风景，这也是对学生进行一种求异思维的训练。第五环节，"写"。在"写"的过程中，先让学生练说，因为"说"是一种输出表达训练，凭借的是语言工具，在输出的过程中，学生需要不断地处理语言，这也是思维训练的过程。在"说"的基础上，再进行练写。这样在听、说、读、思的铺垫下进行写的环节，实现了读写结合，让学生积累的描写风景的佳句可以得到运用。这些教学流程，在课前，教师心中都要有个模式，让课堂教学更具整体性与系统性。

四、课堂教学效果的反思

课堂教学的质量决定着学生学习的质量。不要奢望不好好上课，还能有好的教学质量。纵观教学过程，教学质量不高往往是因为教师课前准备不充分，上课前没有认真备好课。在课堂中，即使40分钟教师都在努力地讲，也不能达到好的效果，课后再让学生努力地"刷题"，学生最终成为"刷题"的机器，他们根本感受不到学习语文的趣味。所以，很多学生小学6年，初中3年，一共学了9年语文，但是他们却不会写作文，不会写一段话，甚至一句话都不会写。究其原因，学生只是学到了语文知识却不能把语文知识学以致用。课前，我们要对教学效果进行反思，反思什么内容呢？反思课堂教学是否有效，反思课堂上是否以学生为主体，反思课堂上是否"一言堂"，反思课堂是否为各层次的学生都准备了相应的学习内容。课前反思就是审视自己的教学设计是否合理，哪里需要调整，这样使教学设计更合理，以达到更好的效果，甚至说课前反思比课后反思更重要。

所以，教师在做好教学设计后，需要花10分钟时间，对教学设计进行反思。正所谓"磨刀不误砍柴工"。课前准备越充分，课堂效果就越好。所以不要吝惜时间，上课前好好做一做反思。

（2）课中反思的层级

这里的课中反思，是指对上课的情况进行反思，很多教师都会以课中教学情况来反思。这里主要讲课中反思的层级。什么是课中反思的层级呢？它是以教师撰写教学反思的水平来划分的，可分为叙述式层级、思考式层级、微论文式层级。很多教师教学反思以叙述式、思考式层级偏多。叙述式层级，就是简单地把课堂教学中自己认为是亮点的部分进行记录，再加以简单的评价。思考式层级是在对课堂教学中自己认为是亮点的部分进行记录的基础上，再针对其中的某一个亮点进行深入的思考与剖析，然后提出自己的观点，这样的反思较之上一层级更深入一些。微论文式层级的教学反思，既有对课堂教学事实的描述，又有对这一教学事实背后的理论、实践基础的思考，还有自己建设性的观点和方法，这样的教学反思，其实就是一篇"微论文"，它更具有理论色彩，这样提出来的事例经验才更有价值。做同一序列、同一内容的"微论文"式的教学反思，是形成类经验的基础。

案例：《乡下人家》叙述层级的课中反思

今天讲授了《乡下人家》这篇课文，这篇课文是描写乡下人家田园生活的文章。先看本课的教学目标，生字词的教学，学生对读掌握比较好，但是对难写的"蹲"字指导不足，导致有些学生还不会写。对生字的拓展练习不足，如果每一个生字都进行拓展练习讲解，40分钟的时间是不可能完成的，那怎么办呢？根据这一现象进行反思，我觉得以后语文课堂可以尝试运用"课前预习"的方法，让学生进行预习。学生自主预习的习惯尚未养成，也不容易养成。只有放在课堂上学习才能有效果。因此，一定要做好生字词这部分教学准备，精讲多练，抓住重点去练习。接着反思第二个教学目标：边读边想象画面，了解课文内容，和同学交流自己喜欢的一处景致。这里主要训练学生朗读、想象、理解、说话，通过朗读想象画面，通过朗读理解课文内容，通过想象进行练说。在授课过程中，朗读、想象、理解、说话四个环节未做到有效衔接，在今后教学中对难点一定要"简练、精要"，可以抓住某一画面让学生朗读、想象画面、进行说话表达，剩下的四个画面，则由学生分组自由选择画面进行再一次朗读、想象、说话等练习，这样处理更侧重于学生自主学习能力的培养。其实这个和本课教学难点（抓住文章中的关键词语、关键内容对学生进行朗读、想象、理解、说话的训练）是可以捆绑在一起操作的，这样二合一的教学活动更有效，能把更多的时间留给学生去阅读、去想象、去练写。课堂教学活动应当瘦身，教学内容应当多做减法，教学手段应多做加法，通过多种教学手段的刺激，激起学生学习语文的兴趣，充分培养学生的语文核心能力及语文核心素养。最后一个学习任务是积累，积累课文中生动形象的句子。在课堂中，有进行生动形象句子的积累，可是对好词好句却只停留在积累的阶段，没有加以运用，这使读与写完全割裂开来，读没有为写服务。所积累的词句只是孤立的个体，没有与学生的大脑产生链接，它们还只是一个个简单的方块字而已，只有对其进行具体运用才会赋予它们鲜活的生命。那么如何对这些好句加以运用呢？过去我们总是教学生如何运用这些句子，学生说到底还是知识的容器，我觉得可以改变学的方式，启动逆向思维，让学生分享自己积累的好句，然后问学生："这个好句，可以放在我们生活中的哪些地方？"学生经过思考后，想法也是五花八门，却很有创意，如有的学生说，可以把这些好句加以改良，它变成风景区的广告语。如"乡下人家，不论什么时候，不论什么季节，都有一道独特、迷人的风景，愿你也成为乡下人家里的一道风景"。告诉学生怎么运用，倒不如让学生亲自实践，这样才能形成运用知识的能力。

（3）课后反思的方式

课后反思是对课堂教学效果的一种关注、追踪、分析、改良。教学是一个系统工程，不是简单的课堂教学这一面，还要课前准备与反思，课后追踪与反思。课后的追踪与反思可以确定教师预设的教学效果是否达成。课后反思指对课后的一些因素进行反思，如学生的作业完成情况，学生的知识掌握情况，学生的知识运用情况等。这部分反思，会有更多的数据、材料进行支撑。所以，我们可以把课后反思分为"数据型反思"和"材料型反思"两类。数据型反思着重的是从学生作业完成度、作业完成情况上进行思考，从而检测课前教学预设和课堂教学落实情况，让教师可以有针对性地改进下一节课的教学。材料型的反思是从学生的课后的文字材料上进行反思，思考教师课前与课中预设和执行情况，从而为后续工作的改进提供依据。数据型反思与材料型反思，可以培养教师思考的多向性，拓宽思考的面，拓宽教师思考的路径，让教师学会思考时寻找数据和材料的支撑，从而养成敏锐的提取事例经验的嗅觉。同时，这些大量数据和材料的积累也可以为教师后来形成类经验提供支撑。

案例：《乡下人家》课后反思

下课了，并不是意味着教学工作就此结束了，教学工作是没有时间限制的。课堂的结束，并不意味着学习的结束。课堂结束了，还需要对学生的课堂学习情况进行反思。在课堂上，教师说的同一句话，不同的学生会有不同的理解，因此，教师需要对学生是否掌握进行有效的检查，检查最常见的方式就是作业。传统的作业有很多形式，如通过抄写生字词、听写生字词了解学生对生字词的掌握情况；通过组词、仿写词语等练习检查学生对词语的掌握情况；通过句子练习检查学生对句子的掌握情况；通过阅读练习检查学生的阅读理解水平；通过"小练笔"来检查学生对所学知识的综合运用情况。一一列举下来，内容实在不少，那么课后有必要对以上所有内容进行检查吗？答案是否定的。过去教师常犯的错误是对学生的作业量不加以控制，甚至是加量要求学生完成，如写生字，一个生字写一行是正常的，但有时有的教师会让学生写好几行，有的学生马虎应付，根本达不到想要的效果。因此，学完《乡下人家》这一课后，采取自主听写的方式让学生巩固生字词，把抄写生字词的时间留给学生去记住这些字的字形结构，这样效果会更好。接着，让学生以模仿课文的方法，描写身边的一处景致。这种题目，成绩好的学生会很认真地去对待，可是成绩一般或者中下的学生就会应付式地完成。针对这个现象，我进行了深入思考：为什么会出现这样的现象？原因一：没有激发学生的写作动机。写得好与不好，都只是一个优良中差的评价，不能唤起学生的写作动机。既然学生的写作动机不强，教师就应想办法唤醒他们的写作动机。可以采取激励法，如奖励小奖品等，但这些方法对中年级的学生效果不大。用什么办法激励学生的写作动机呢？对于难度低的学习活动设置物质奖励，可能学生比较感兴趣，就像跳一跳就能摘到果子，学生都乐于去跳。可是对于"小练笔"这种有点难度的作业，物质激励加精神激励才能奏效。于是，我尝试运用把学生优秀作品发表在"家长群"的方法激励学生认真写作，这一方法果然有效果，学生虽然没有写得特别好，但最起码认真对待了。再加上农村家庭大多数学生都是留守儿童，通过这种方式，也可以让家长更多地了解学生的学习情况，实现家校融合的目的。但是即使运用了这种方法，还是有一半的学生不能很好地完成"小练笔"，这部分学生也在很认真地写，可就是写不出来，原因是他们缺少写"小练笔"的指导。从这个现象，我剖析：学生有时完成不好"小练笔"的作业，是我们没有为不同层次的学生提供不同的写作支架（写作支架有很多类，如词语支架、句子支架、段落支架、修辞支架、图片支架、视频支架、生活场景支架等）。结合本课的"小练笔"，我觉得最简单直接的支架就是带学生在校园里走一走，参观我们美丽的校园，带学生坐在草地上，看看天上的白云，看看远处的高山；带领学生进行想象，闻闻花的香味、泥土的气息，坐在草地上，鼓励学生畅谈感受。学生置身于美景之中，畅谈欢笑，教师为学生创设了这样的情境，学生能不会写"身边的一处美景"吗？果然，这一课的"小练笔"作业交上来后，效果超乎我的想象，学生真实地感受大自然，并把对大自然的美用语言描绘出来，字里行间流露出学生真实的感受。这个世界上，没有什么比真实更感人，没有什么比童真更宝贵。从这次的课后"小练笔"经历，我感受到：课堂教学要学会"舍得"，舍得放手，学生才会有成长；舍得时间，才会有收获。教师不要太多地说教，每个学生都是天生的作家，你只需要赋予他们生活的感受，不要给他们太多写作范式，要让他们在感受中去写作。这样的文章才是真文章，这样的语言运用才是真正的语言运用。但是这样的学习活动也不宜过多，可以每个单元设置一次，活动内容可多样化，根据单元教学内容灵活设计，如第一单元根据写景单元主题，可设计"游园活动"；第二单元根据"我的奇思妙想"单元主题，可设计"手工活动"；第三单元是诗歌单元，可设计"诗歌朗诵"活动；第四单元是"我的动物朋友"单元，可设计"动物世界"活动。教师在每个学期开始，就对整本书的单元活动进行设计，并在全班学生中进行预告，学生会有一种期待效应。所谓"亲其师，信其道"，学生喜欢这位教师，才会喜欢上这位教师的课，才会爱上这位教师所教的科目，所以教师要想提高自己的课堂教学质量，首先要把自己变成一块"磁石"，你有"磁场"才会吸引学生，学生才会去学，才会爱上语文。

总而言之，不管是课前、课中还是课后，教师都要多加思考，不断对自己的课堂教学产生的问题、现象进行思考与分析，发现问题并找到解决问题的方案，然后再将这些方案进行实践，只有这样不断地修正、调整，再修正、再调整，我们的教学才能富有成效。

（二）教学日记

教学日记与教学反思不同，教学反思侧重对教学活动的思考，教学日记侧

16

重记录（把每天进行的教学活动及这些教学活动的效果记录下来），更偏向描述性和叙述性，有一种从教学小故事中悟出大道理的感觉。

教学日记没有固定的字数、格式和要求，它可以是一句话、一段话、一篇文章，可以写教学活动中的人、事、物。教师可以随心所欲地写。因为写的过程就是理论表达的锤炼的过程，同时也是提取事例经验的过程。我们常常要求学生写日记，日记可以记录每天的琐事，让人在记录中思考，在记录中成长。养成写日记习惯的学生，写作能力也会提高，因为写日记会让学生养成观察生活、思考人生的习惯，写日记是打开学生写作之门的一把金钥匙。小日记是大作文的积累，每天记录，每天思考，更是一种意志力的磨炼和习惯的养成。好的习惯让学生受益终身。学生在写日记的过程中自主地生长着。反观教师的专业发展，也能从中得到一些启发。日记也有益于教师的成长。教师写教学日记是专业发展的事，每天把教学中的人、事、物写一写，可以很好地累积教师的写作能量，小小的动作叠加便会产生无穷的大智慧。一些教师经常抱怨写作没灵感，不会写论文，那就先从写教学日记开始吧。可以从一个词、一句话、一段话、一篇文章写起，相信水滴石穿、厚积薄发的力量。

（三）教学叙事

写教学日记是提取事例经验的第二法宝，接下来是教育叙事。

与教学反思相比，教学叙事则是一个小故事，更富有文学性，更吸引读者，特别是语文教师，更适合写教学叙事。

我最早是在刘良华教授讲座中了解到教学叙事，教学叙事就是讲自己的教育故事，把自己如何处理故事中遇到的问题叙写出来。教学叙事更接近提取事例经验，教学叙事的过程，也是叙写事例的过程，把叙写的事件中隐含的经验提取出来，形成单个的事例经验。如果一位教师能在工作中养成写教学叙事的习惯，那么在日常的教学中就会积累许多个事例经验，久而久之便会形成一个事例经验的体系。

也许有的教师会说，工作太忙，事务太多，没时间写。还是那句老话，鲁迅先生说过："时间就像海绵里的水，只要愿意挤，总还是有的。"在如今的信息技术互联网时代，科学技术是一把双刃剑，智能时代虽然为我们的生活提供了前所未有的便利，却也禁锢了许多人的自由。我们利用智能手机上的编辑软件、记事本等，随时随地进行写作。别小看这些零碎的时间，如果每天能利用时间碎片写三百字的教学叙事，经过日积月累，这将是一笔宝贵的"事例经验"财富。

第三节　类经验

湖北第二师范学院潘海燕教授的自主生长式理论提出的类经验是指教师从亲身体验中提炼事例经验，在一系列事例经验中整合得到类经验。

教师形成类经验有两种方式：一是做课题研究，二是撰写教学论文。课题研究和撰写论文，两者不可分割，它们是一个有机的整体。开展课题研究可为论文撰写提供实践基础，没有实践基础的论文是经不起推敲的。论文不是文字的简单堆砌，也不是文采的攀比，而是要具有实践性、严谨性和可推广性的特点，每个观点的提出都需要有理论基础，实践研究和研究结果相互佐证，而不是想当然，不是想怎么设想就怎么写。做课题是写论文的基础，要想写好论文，首先要开展课题研究。这里说的"课题"并不是申报立项的课题，而是自己根据自己教学工作的需要而进行研究的小课题。小课题研究，研究者可以是自己一个人，也可以包含跟自己同年级的几位老师。研究对象就是学生，研究问题就是教学上遇到的难题。小课题是大课题的基础，想要做课题，首先要从小课题做起。

从我自身经历来看，过去我申报立项的课题并不多，只有三项，但近十年的时间里，我一直在坚持做课题研究。我把每个课堂都当作课题的实践基地。还记得2012年，听到工作室里一位省骨干老师的课《火烧圆明园》，他上课的思路是用关键词串联课堂教学，当时觉得这样的教学方法很有特色，我的内心就萌生一个想法：在课堂上运用这种方法。开始是想用关键词的方式，后来我就尝试做一个教学模式，用什么教学模式呢？想了好久，也实践了好多遍，后来终于想到语文教学就是培养学生的听、说、读、写的能力，于是我在教学中运用这四个环节，用了四五年的时间，把这个课堂模式理顺了，给这个模式取个名字叫"四环多维"教学模式。并且，将这个模式通过课例、论文的方式进行推广，使用过这一模式的教师都说好学、好用又有效。到这里，我的小课题研究并没有停止，还在继续运用这个模式教学。最开始，"四环多维"教学模式中，四个环节是固定不动的，后来发现，这样固定的教学环节，使课堂死板，不够灵动，于是调整为根据课文的教学内容灵动设计，听、说、读、写四个环节可以随教学内容不同而变化。也有教师说："听、说、读、写这四个环节，有没有平均分配时间？"平时，我是没有研究它们的时间分配的，这位教师的意见提醒了我，"四环多维"教学模式的四个环节以读、写为主，在教学过程中可根据学习任务有机地整合听、说、读、写四个环节。

就这样，一个人，没有课题组，没有课题申报书，最重要的是不需要做一大堆的课题资料，我坚持一个人做自己的课题，用心思考，把每节课当作课题去研究。这样坚持了近十年，打磨出"四环多维"教学模式，其间写了很多关于"四环多维"教学模式的论文。可见没实践基础，不可能有理论的升华。教师们也可以结合自己的课堂教学困惑，设定一个小课题，然后每节课就可以对困惑进行研究，提出解决方案，观察解决问题的结果，做出实践的反思。其实这些反思，提出就是事例经验。把这些单个的事例经验整合起来，就形成了类经验。把积累下来的类经验与类经验产生的过程记录下来，就可以形成一篇教学论文。所以说，教学论文并不是三两个小时、三两天就可以完成的，一篇有价值的论文，必须经过时间的堆砌，必须经得起实践的检验。

接下来，我结合自己的经历与经验总结一下论文选题与课题选题的技巧。

第一，论文选题与课题选题类似，重点在于"小"。过去，很多专家在做论文选题和课题选题时经常提醒我们：论文选题要小，课题研究要小。相信很多人表面虽然默不作声，心里却嘀咕：为什么要选小？三年的时间就做这点点事，不是浪费吗？做这么小的课题有意义吗？过去，我也是这么想过，自己实践过后，终于相信专家说的是对的。因为专家也是经历过课题研究才敢说出这个观点的。我经历了课题研究才知道课题、论文宜小不宜大的原因，因为课题组教师除了教学工作、课题工作，还有很多其他的工作，人的时间精力有限，所以，课题、论文从小处着眼，选小切口探究实践最合理。

第二，就是心态要稳。做课题研究，需要写课题申报书，有些教师就特别心急，总想快点写完，少一份压力。填写申报表，最少提前三个月：一个月思考，一个月写，一个月修改。思考很重要，不思考，是不可能有自己的想法的，也就不能推进研究的进程。有的教师特别苦恼：课题申报书、论文不会写。我给他们一个建议：你可以每天写100字，一个月就有3000字了。对初写者来说，这是一个很好的方法。随着时间的推移，就会发现，思路被打开了，写100字这个小目标，再不能难倒你了，你开始给自己加"码"，从200字到500字，再到1000字，渐渐地你就不怕写论文了，你也找到了写论文的技巧。

第三，形成类经验。结合我自己提取类经验的经历，我觉得形成类经验的路径是开展课题研究，在课题研究的基础上做好教学反思或教学日记或教学叙事，在此基础上提取事例经验，在积累一定事例经验的基础上，撰写教学论文或课题研究报告形成类经验。类经验一经形成，并不是说永远都不变，它还会在教学实践中不断改良、发展和变化，从2012年开始到2018年，我一直在探索"四环多维"教学模式，通过多年的探索，赋予了它理论内涵与实践案例，当时以为这个教学模式已经很完美，但在教学中，我发现，仅发展学生听、说、读、写的能力已不能满足时代对人才培养的要求。其实在语文教学的过程中，我们一直关注学生的语文能力培养，却很少关注学生的思维发展，语文似乎与思维训练无关，思维训练更多的是数学老师的事。实际上并不是这样的，在统编版教材的教学过程中，我们发现了更多思维训练的内容，教材的编者已经在教材中设计很多对学生进行思维训练的内容，只是教师没有察觉。在这样思考后，我决定继续"扩容"教学模式，把"四环多维"改良为"五环多维"，也就是听、说、读、思、写，增设了思考环节。这让学生在课堂中不仅习得了语文知识，培养了语文核心素养，还发展了思维能力，达到培养创新型人才的目的。我的经历更好地说明：类经验形成后，并不是静止不动的，它是随着时代的变化而变化的，所以类经验也带着生长的特性，前提是，它需要它的主人不断地思考、反思、成长，这样类经验才能具备继续生长的条件，实现其"自主生长"。

在教师个人的"脑袋"里面，没有通过"现象"去发现"本质"，没有总结事例经验的"本质"。教师仅停留在事例经验上，没有从这些事例经验中提取出自己的感悟和认识，这些事例经验就会因为没有受到关注而渐渐被遗忘，或永远只能成为教师的"自我经验"。遵循潘海燕教授的教师自主生长理念成长路径中所提出的"在亲身体验中提炼'事例经验'"后，应再在一系列的事例经验中整合出类经验。类经验也相当于"自我主张"，当你在实践教学工作中，从大量的事例经验中整理出类经验，也就相当于提出了自己的"教学主张"。

小结：类经验形成的法宝=自主生长（开展小课题研究）+提取事例经验+撰写论文形成类经验。

第四节　个人经验体系

当类经验积累到一定量时，就需要对它们进行系统化，也就会形成个人经验体系。如何将类经验提炼成个人经验体系，我谈谈自己的做法。

潘海燕教授的自主生长式教师专业发展理论中的"系列经验"是指在提取事例经验的基础上，把事例经验形成类经验，再把类经验形成个人经验体系。

一、个人经验体系的特性

1. 自主性

个人经验体系是通过教师的自主生长形成的。它体现了自主性。它是教师在教学实践中，对教学的一种自主反思、自主总结，是通过教师自主提取事例经验，然后形成类经验，最后建构出个人经验体系。

2. 独特性

个人经验体系，是教师在个人教学实践中整理出来的，它具有独特性，是带有个人教学主张色彩的经验体系。

3. 发展性

个人经验体系，是从实践中生成，又回到实践中接受检验，形成个人经验体系后，并不是就一成不变了，它还会跟着教学实践的变化而发展，因此，它具有发展性。

二、构建个人经验体系的必要性

教师在教学实践中形成的类经验在还没建构成个人经验体系之前，是比较零乱，缺乏系统性、序列性的。这些类经验，在教师的经验体系中如果只是简单摆放、闲置，不加调整、修改和归类，就是一盘散沙，毫无条理。因此，教师要学会整理类经验，构建个人经验体系。

个人经验体系一定要有逻辑性，才能让所有的类经验成为一个整体，而不是单独、分散地存在。想要把这些松散的类经验连贯起来，最常用的方法就是先列出提纲，以确保类经验的连贯性和整体性。经过梳理的类经验条理清晰，便于分类、比较和总结规律与方法，这就形成了个人经验体系的组成部分。

三、构建个人经验体系的途径

（一）通过列提纲的方式建构个人经验体系的框架

个人经验体系的构建，首先要通过撰写教学反思、教学日记、教学叙事提取事例经验，通过撰写论文、开展课题研究形成类经验，在类经验的基础上构建个人经验体系。可以通过列提纲对自己的经验体系进行梳理，然后开始分章分节地整理类经验。

要构建个人经验体系，首先要列提纲。列提纲是指用条文式的文字将个人经验体系的架构写在纸上。列提纲是一种写作方法，也是作家的构思习惯之一。提纲的分类有人物提纲、情节提纲、结构提纲，以及总体提纲、局部提纲等。列提纲可以帮助教师整理建构思路，使经验体系内容序列化、整体化。列提纲看似简单却不简单，它需要反复地打磨和修改，以作最精准的表达。

（二）个人经验体系的框架结构

个人经验体系提纲是个人经验体系的基本框架结构。提纲中阐述了个人经验体系的观点、内容等。通过这个提纲，可了解个人经验体系结构是什么，使人一目了然。个人经验体系的基本框架结构，一般是"总—分—总"式，即"总论—分论—总论"式。这是遵循"总—分—总"的思维逻辑，其详细内容如下。

总论，大致包括四个方面：一是个人经验体系的总的框架；二是要表明体系的理论背景和现实意义；三是阐述体系的内涵、特点和应用；四是关于体系的实践案例、具体流程。

分论，就是对个人经验体系中各个类经验进行阐述，它是个人经验体系的主体部分。这部分所表述的内容详细描述个体的研究成果，尤其是详细地阐述自己体系中的创新性的东西。作者根据个人经验体系中类经验的性质，或正面立论，或批驳不同的看法，或解决别人的疑难问题，细致论证体系中的全部思想和创新观点。这部分内容较多，篇幅较长，约占全文的三分之二。此部分是作者研究成果的具体描述，体现着作者的学术水平和研究能力。个人经验体系的提纲和论证层次要有严密的逻辑性，阐述先后次序、文章层级结构及逻辑推理，都要符合体系的内在规律，要考虑论证效果。要做到文章纲举目张，环环相扣，使观点和材料有机结合，使体系内在结构及内容富有逻辑。

个人经验体系建构的形式有以下三种。

一是"总—分—总"式。先提出中心的类经验，然后根据构建个人经验体系的需要，从不同的角度或方面对类经验进行分析或论证，最后进行总结，构建成个人经验体系。

二是层层递进式。个人经验体系，以论证或分析类经验为中心进行层层推进构建。这种结构形式有点像剥洋葱，一层一层地把洋葱皮剥开，直面最核心原理。

三是并列式结构。为了充分摆事实、讲道理阐述个人经验体系，有时候就需要把几个不同角度的类经验并列起来。要避免从同一角度选择类经验，从同一角度选择类经验，就缺乏广度，会导致阐述重沓单调，显得以偏概全、苍白无力；从不同角度选择类经验，既丰富全面，又使个人经验体系建构看起来典型精练又严谨有力。

（三）个人经验体系建构的注意事项

当提纲列好后，就开始着手对提纲内容进行阐述。阐述的方式有很多种，如可以是议论文的方式，先提出观点，再逐一进行论述。常见的注意事项有以下五个方面。

（1）标题观点鲜明。观点是个人经验体系的灵魂，阐述要求符合文体特征，要求鲜明，使人见其题而知其旨。观点鲜明的文章最受读者的欢迎，因为它具有清澈感和透明感，便于读者把握整篇文章的基本内容。

（2）个人经验体系中类经验表达要简洁、概括，三两句最好，避免冗长之赘、短句成段。

（3）中间段。个人经验体系结构是否严谨、条理是否清楚、论证是否严密、论据是否典型，关键在于正文写作的内容是否合理。而结构、条理、论证和论据等是正文写作质量的重要组成部分。

（4）实践案例。实践案例是个人经验体系的血肉，在理论的构建中，只有理论内涵和应用还不够，必须有典型而鲜活的实践案例。

（5）总结。个人经验体系的建构，还要进行总结，收束全文，突出中心；全文结构紧凑、完整，不能草率收兵，也不能画蛇添足；语言要干净利落，富有启发性和鼓舞性。

在个人经验体系建构过程中，依据的是语言表达，形象畅达的语言能让经验体系清晰可见。因此，文章语言要准确鲜明，生动形象。

四、通过写作构建个人经验体系

在个人经验体系提纲列好后，就要进入写作状态了。积累了一大堆个人经验，需要把它阐述清楚，就离不开文字。这时候，文字就是建构个人经验体系的关键工具。

怎么掌握文字这一工具进行个人经验体系的建构呢？首先要学习教育教学的理论知识。在构建个人经验体系的过程中你会发现，很多原以为已经深思熟虑的经验，拿起笔来却在脑海里成了一堆"糨糊"。写作，会逼着你对类经验进行更深入的思考，吸收、处理、输出知识，可以极大地提升你原有的类经验的理论水平。开始写作的时候，就算写得不好，也没关系，正所谓"万事开头难"，不断地学习，才能尽快改变"写得差"这个现实。因此，写作水平一般的教师，迈出个人经验体系写作的第一步就是先从写好一段话开始，好思路是磨炼出来的。要坚信，用这种循序渐进的写作法进行持续性的写作练习，你一定会越写越好。

写作是手段，而不是目的。写作的确能帮助我们更好地阐述"个人经验"。但是，很多教师都有写作恐惧症，谈"写"色变，还没开始写，就已经把"写"拒于千里之外了。其实，在这个世界上，天才和智力不足的人各占1%，大部分的人既不是前者，也不是后者，都是平常人，所以教师都能掌握写作这一技能，教师如果不迈出写作的第一步，就永远不会写作。

也许，有的教师会马上问：有没有一些关于写作的技巧？其实写作并无技巧，就像鲁迅说的："世界上本没有路，走的人多了，便成了路。"写作也是一样，写作本无技巧，写得多了，便把写作的渠道打通了，文思泉涌。写作时，对读者是否真诚，不用问别人，在写的过程中你自己就能感受到。如何做到真诚？写作时，如何表达自己的真诚？这就要求写作者做到对读者毫无保留，写自己的真情实感读者是可以体会到的。除了真诚，还需要勇气。对教师来说，写作的重点不在技术层面上，而是在你是否有想写作的愿望与拿起笔的勇气及坚持写下去的毅力。学习是一个循序渐进的过程，写作也是，不要想等准备好了再写，如果想等准备好了再写，那你可能永远都不会准备好。就像上一节所说的，从现在开始，从写一段话开始。从写100字、200字开始，只要肯写，你就会有进步，只要你肯开始，就已经成功了一半。

构建个人经验体系，文章体裁很多，可以选择教学论文、教学叙事、教学反思等形式，无论用哪种形式，终归要写。如果你一直坚持写教学反思提取事例经验，写论文形成类经验，就不会觉得难。构建个人经验体系，是一个大系统，它是由小系统组成的，所以先从小系统写起。那如何能把个人经验体系更系统、更科学地通过文字展示出来呢？这就要求教师注意以下三点。

（一）思考

在下笔之前，要先思考。写作的内核反映的是你的思维水平，也许你的文笔并不优美，辞藻不够丰富，但你的思维水平一定要高。在构建个人经验体系时，写作前，一定要先思考，先形成清晰的思路，不论是横向还是纵向都要有序，环环相扣，而不突兀，既要思考类经验的特色，又要找到各个类经验之间的联结点，找到类经验之间的联系：各个类经验看似零散，实则都有联系。在构建个人经验体系过程中，并不是把类经验简单地堆砌。如同盖房子一样，砖木整齐堆放，但是没有水泥将之加固，一阵风轻轻一吹也会倒掉的。个人经验体系也是一样，不建立各类经验之间的内在联系，就不能很好地进行应用；只有建立好联系，才能触类旁通，必定会下笔如有神，这样便会写得很顺畅。构建的个人经验体系要能解决现实问题，否则就是无用的。建构经验体系的目的是提出某种模型，寻找到解决方案。个人经验体系本身还要有价值。所谓价值，就是可以将该体系应用到实践中，并对实践起到指导作用。

（二）输入

要想让输出得心应手，必先勤于输入。如果想成为一位专业型的语文教师，那么每天不管工作多忙，请都强迫自己做大量的阅读。因为学习成长本质上就是一个每天不断输入、思考和输出的过程。只有不断做高质量的输入，脑子里才能有墨水，才能不断掌握新知，获得新观点，产生新思考，也只有这样，才能长期、稳定、高质量地输出内容。

1. 量变引起质变

没有量变就没有质变，量变在积累到一定程度的时候，会引起质变。要想有输出量，就必须保证一定的输入量。那么有的教师会问：每天输入多少数量的信息呢？试想，每年读400万字。我们算一下，400万字除以365天，大约每天只需要读1万字。1万字很多吗？如果是读3000字的文章，每天读3篇文章就足够了，可是却少有人做得到。

2. 提高输入的要求

记住一个大前提：输入不是目的，吸收才是目的。很多人把读书目标定为"我这周要读完两本书""我今天要看完10篇文章"。他的目标不是要通过读这篇文章解决问题，或学习技巧，或思考话题，对他来说，一篇文章读完了，任务也就完成了。显然，这样的阅读是低效的，只是为了自我满足。针对如何高效阅读，我提几点阅读建议：①要带着目标和预期阅读；②要养成边读边思考甚至做笔记的习惯；③聚焦阅读主题；④好内容需要反反复复地去研读；⑤阅读时，还要进行批判性阅读和思考。

（三）输出

1. 强化输出能力

写作是呈现，是前两步的结果，太多人只注重结果，而忽略了路径。所以我们先讲了输入和思考，最后讲输出。如何强化输出能力？最有效的方法就是：多写。写作是一门手艺，写作也讲究感觉，感觉的产生和保持，源于持续的写作。多体裁练写，既写论文又写叙事，要想提高写作能力，就要磨炼写叙事的能力。

2. 案例与观点相结合

要通过写作阐述个人经验体系，就要加强提炼教学观点的能力。要学会提炼观点、论证观点，形成理论。学习透过类经验提取出本质的东西。个人经验体系是对类经验进行思考后的输出。建构个人经验体系，提出一个观点写一个案例故事，并将两者匹配起来，把两者结合得恰到好处，提出一个好观点，并用好的案例去论证，会让好观点有立足点；如果有好的案例，即便读者开始不那么认同你的观点，最终也可能被你说服。个人经验体系看似是自圆其说，实际上真实的教学案例却能让读者心服口服。

3. 发表个人经验体系

当你的个人经验体系建构好后，可以把这篇文章通过公众号、朋友圈等渠道进行发表。因为只有公开发表，你才能得到来自真实世界的反馈。个人经验体系并不是独自占有、孤芳自赏，它之所以要自成体系，除了让经验理论化、系统化外，主要是需要把你的个人经验体系放到群众当中去，在教学实践中去进行验证、推广。因此，把文章发表在朋友圈、微博等平台，如果没有人反馈，这说明你的理论在周围的人群里没有打动任何人，这种反馈让你反思、改进。反馈的方式有很多，如点赞数、阅读数、分享数、评论数、好评多少、差评多少，好评主要在说哪方面好，差评主要是说哪里有不足，等等。每一个反馈维度都可以帮助你重新正确建构你的个人经验体系。同时，把文章公开发表在网络平台上，还可以借助群体力量提高自己的写作水平，借助群体反馈提升自己的写作技巧，借助群体激励驱动自己长期地写下去。

总而言之，建构个人经验体系的三个核心要素是思考、输入、输出，其中，思考是本质，输入是前提，输出是结果，建构个人经验体系，三者缺一不可。教师在教学实践中要善于观察、思考、积累，勤于写教学反思、教学日记、教学叙事，勤于提取事例经验，撰写论文形成类经验，并在此基础上，通过写作的方式建构个人经验体系。万事开头难，但不要惧怕，给自己做一个输入与输出计划，每天花一个小时输入，再花一个小时输出，头脑可以随时随地地思考，假以时日，一定能建构起属于自己的个人经验体系。

第五节　教育实践智慧

马克思认为，一切认识源自实践并归于实践。教师的教学经验也来源于实践，并且要回归实践。教师如何在教学实践中生成教学实践智慧？教师不仅要学习理论知识，还要亲自经历各种教育情境，在实践中获得判断和处理教育问题的能力。拥有"教学实践智慧"的人必须具备教学实践能力，并从实践中检视自己的经验。

实践智慧是教师个人经验体系在实践中应用、生成的智慧。想要在教学实践中生成实践智慧，可以通过以下方式去实现。

一、学习教育教学理论知识

教育教学理论知识是形成教师教育实践智慧的基础，但大多数教师却忽略教育教学理论知识的学习。教育教学理论知识就是一个指南针，一盏明灯，一座路标，教育教学理论知识的学习在教师的职业生活中是一个元素，是形成教育实践智慧的基础。教学实践是教育实践智慧生长的土壤，教育教学理论知识的学习和教学实践是形成教育实践智慧契合点。

二、参与教学实践

《学记》有言："虽有嘉肴，弗食，不知其旨也；虽有至道，弗学，不知其善也。是故学然后知不足，教然后知困。"再看看我们的教育教学实践，教师的教育实践智慧就是在复杂多变的教育教学实践活动中形成的。教育实践智慧仅靠教学理论知识的学习也不行，必须从实践中来，再到实践中去。教育教学实践活动中，教师的教学实践均具有独立的"个体性"，从教学实践中产生的各类经验，也是由无数琐碎的事例经验、类经验汇集而成的，构建个人经验体系，使用自己的经验体系在教学实践中不断验证、修改，获取新的经验，然后反思、转化、提炼成新的经验。

教师的自主生长过程是孤独的、痛并快乐的，但因为身处在工作室这个"专业发展共同体"中，我们不会感到孤单，这里有集体的智慧，有理论导师、主持人的指导，有各成员间的互相帮助，这里会加速我们成长的步伐，让我们更接近我们的理想。

第二章

做一位有教学
思想的教师

思想上的努力，正如可以长出大树的种子一般，在眼睛里是看不见的。但人类社会生活的明显变化正发生于其中。

——列夫·托尔斯泰

第一节 教学思想的形成路径

教学思想是对人类特有的教育活动现象的一种理解和认识，这种理解和认识常常以某种方式加以组织并表达出来，其主旨是对教育实践产生影响。

说起"教学思想"这个词语，绝大部分的教师都认为这是一个高大上的词语，其实我们每天进行着的教学工作都是需要我们独特的"教学思想"去指引的。教师作为教育教学实践者，在日常的教学实践中，会积累大量的教学经验也可以说是事例经验，可是这些事例经验，却被繁忙的日常工作所淹没，教师有意识地在教学工作中积累了许多教学经验，却没有意识把这些教学经验提炼升华并作为自己独特的"教学思想"，或者即使有意识地去提炼自己的教学思想，却缺少正确的提炼路径。我结合自己的专业成长经历，谈谈一线教师如何实现教学思想的提炼。

一、提炼教学思想路径的内涵

我把自己提炼教学思想的路径，缩简为IPIC，即教学理论设想—教学理论实践—教学理论反思—教学思想提炼。具体阐述就是教师可在教学实践工作中，基于自己的教学实践情况，以某一教学难点、心得、经验等提出自己的教学理论设想，然后依据这一个理论设想，在教学实践中不断地对其进行实验、纠正，不断地进行理论反思，并把反思积累的理论进行提升提炼，最后形成自己独特的教学思想。

二、教学理论设想

1. 教学理论设想的内涵

教学理论设想是根据课标和学生的学情，提出一种教学理论，依据这种教学理论指导教师开展教育教学活动，并预设这一教学理论设想在教学活动中可能探索出来的教育规律和结论。

2.教学理论设想的实践应用

"设想"的词义是想象、假想，它更倾向于比较现实的、可以实现的一些想法，并对这些想法进行一定的可实施的设计。那么，如何在教学实践中提出自己的设想呢？

教学理论设想，实际上也可以说是一个教学命题，教师从实践教学工作中，基于教学困惑，提出教学命题，在教学实践中不断地去检验和验证，以期得出正确的结论。教学理论设想不要标新立异，不要崇洋媚外，要立足于课堂，立足于学生，立足于学情，在需要研究的地方，或遇到研究瓶颈的地方提出设想。宜从小处着眼，大处着手，从横向上看，可从参与课堂的教师、学生、教材着眼：教师方面可细分为教师的文本解读、教学模式、课堂评价等内容；学生方面可细分为学生的语文核心素养、思维发展能力等内容；教材方面可以细分为文本语用要素、校本教材等。教师可根据教学中所遇的困境、想突破的瓶颈对教学问题进行大胆设想，设立命题。例如，我在教学模式方面，感觉课堂教学活动比较零散，容易走进"满堂灌"的教学误区，于是根据自己在教学中所积累的经验、困惑和感受，大胆设想了将课堂教学模式化，下面就是我的教学理论设想。

案例：敢于提出自己的教学理论设想

在现实的教学生活中，很多教师只是踏实地做好自己的本职工作，让他们提出自己的教学理论设想，不少人的第一反应是不可能。教师长期依据教学参考书籍、教学辅导资料去上课，已渐渐地失去了自己的思想，但很多教师都知道，21世纪是培养创新人才的时代，要培养创新型的人才，首先教师就要学会创新，在坚持立德树人的基础上，大胆创新，在教学上提出自己的新方法、新观点。就像一股清泉，只有不断地注入新的水源，才是源头活水，如果一位教师因循守旧，不敢创新、不敢更新，又怎么能培养出新时代的创新型人才呢？那么，从何创新呢？可以从小处着手，列举一个提出教育理论设想的案例仅大家参考。

1. 提出教学理论设想

中年级学生学习语文的障碍在哪里？最主要的一个障碍是阅读量少。阅读量少，从而导致写作困难，那么根据这一教学困惑，教师再结合自己的教学实践，思考：在教学中应该如何改进才可以提升学生的读写能力呢？教师可以提出自己的教学理论设想，如"读写结合课"的教学理论设想。

2. 对教学理论设想进行理论表达

对这些教学理论设想进行文字表达，使其具有理论色彩。在中年级的阅读教学中，以"读写结合课"的形式，创设读与写相结合的学习活动，在读中促写，写中促读，提升学生的读写能力。

3. 对教学理论设想进行具体化设计

如何在课堂中应用教学理论设想进行设计？针对"读写结合课"运用什么方式，在教学设计中挖掘怎样的文本材料，语文阅读教学运用怎样的方法在语文课堂中实现读写结合等，都要有所设计。

三、教学理论实践

1. 教学理论实践的内涵

教学理论实践是在教学实践过程中，把教学理论设想付诸实际，在实践中去检验教学理论设想是否可行。

2. 教学理论实践的应用

教师提出教学理论设想后，便需要将教学理论设想付诸行动，通过教学实践去检验、修正、调整教学理论设想。教学理论在实践的验证过程中，会遇到许多的困难，有的是设想得过于美好，遇到这种情况，可以适当降低目标；也会遇到理论与现实相悖的情况，要对理论及时修正。教学实践是教学理论设想的基础，即教学实践对教学理论设想具有决定作用。同样，教学理论设想对教学实践有反作用，可行的教学理论设想对教学实践具有积极的指导作用，错误的教学理论设想则会阻碍教学实践的进行。教学理论设想和教学实践是相辅相成的，二者缺一不可，不能任意割裂两者的辩证关系，孤立地强调一个方面。

案例：教学理论设想如何在教学中进行实践运用？

还是列举刚才的例子，当教师提出"读写结合课"教学理论设想后，便开始在日常教学工作中，有意识地运用这一教学理论设想去指导自己的工作。过程中，会遇到许多的困难，最大的困难就是时间问题。教师基于教学实践提出的教学理论设想大部分都是正确的，但都坚持不下来，原因就是时间问题。因为教师既要做教学工作，又想构建自己的教学理论，时间精力有限，很多教师容易半途而废。结合自己的经历总结，我认为一线教师先提出自己的教学理论设想，然后做案例研究。如刚才所提出的"读写结合课"的教学理论设想，如果让教师每一节课都运用这个设想去进行教学设计，做起来可能会很吃力，因此，建议从案例研究开始，做好计划，假以时日，定能成功。以小学语文统编版四年级下册为例，如果在一个学期的时间里，整册教材教师都设计"读写结合课"的课例，教师可能会感觉很困难，因为工作量大，反而不能把课例做细做好；也因为工作量大，很容易放弃。所以，教师可以进行"读写结合课"教学案例的设计，每一个教学单元安排一至两篇课文进行"读写结合课"的课例设计，其他课例则作为对比课例进行设计，在两种不同课例的对比分析中，找到"读写结合课"这一课例的优点、缺点，然后再进行修正。

所以，我主张：一线教师在提出自己独特的教学理论设想之后，最好进行"案例研究"，在效果对比中及时地修正自己的教学理论设想。

四、教学理论反思

1. 教学理论反思的内涵

教学理论反思是对教学理论实践后进行的反思。在教学实践中，教师通过还原教学理论设想，让理论的各种元素得到实践的考验，进一步理解教学理论中的道理、价值、方案与技术，在此基础上进行教学理论设想的判断与选择。

2. 教学理论反思的应用

任何教学理论设想都不是完美无缺、持续高效的，都必须在实践中进行检验和反思，可以从教学实践活动、个人经验、师生关系、教学理论设想四个维度进行反思。如果对同一个教学理论设想能够在这四个维度进行重新认识和理解、解释，那么这样的教学理论反思应该是深刻而周详的，教师本人也会获得丰硕而长久的反思效益。在教学理论反思实践中，我探索了多种反思方式。例如，时间序列反思、主体序列和内容序列反思、教学发展反思、表现形式反思等。在进行教学反思时，除了可以采用上述方式外，教师还要充分发挥自己的实践智慧，针对具体的条件与问题，创造更为适合的方式与方法。

案例：如何进行教学理论反思？

在教学实践后，要及时地进行教学理论反思。要对实践的案例研究与一般课例的教学效果进行对比和分析。教师要想在教学实践中提取自己的事例经验，就必须养成多反思的习惯，养成对事例经验的敏锐性，善于从实践中，透过课堂教学实践现象发现教学的本质规律，将自己发现的本质规律赋予理论的含义，形成自身的教学思想理论。结合我自身的经验，在进行"读写结合课"的实践过程中，通过课堂教学实践，提炼总结出读写结合的教学方法：梯度式随文练笔。教师也要善于立足自己的教学实践，提出教学理论设想，再对教学理论设想进行案例研究，在研究的基础上进行反思总结，提炼形成自己的教学思想。

五、教学理论提炼的内涵与应用

1. 教学理论提炼的内涵

教学理论提炼（Concise teaching theory）是指教师在教学实践与反思过程中，对其个人经历与在此基础上形成的经验体系，不断地从理论层面进行解释和建构，并结合教学实践与教学理论之间反复的观照、反省、联结，对实践的理论进行提升，对教学理论设想进行审视、订正。

2. 教学理论提炼的应用

一位教师如果不敢大胆设想，不能反复实践，不多加反思，不提炼教学思想，教一辈子的书，也只能是一名教书匠。有的教师也许会说，提炼教学思想是高校专家、名师的事，其实不然，一线教师比高校教师拥有更多的实践经验，形成了更多的实践智慧，普通教师之所以不能成为专家型的教师，关键是其缺少自己的教学思想和教学主张。教学思想的形成源于对教学理论的大胆设想、实践与反思，设想、实践与反思三者相辅相成，缺一不可，停止了设想、实践、反思，就停止了思想。通过深入系统的反思，教师会逐步发现并聚焦自己教学实践中所验证的经验和智慧，使教学理论设想简洁有力、富有个性，具备高度和厚度，具有横向与纵向的语言表达。

教师在提出教学设想后，进行理论实践，再在实践中进行教学反思，在反思的基础上，提取事例经验，形成个人经验体系，最后形成教学思想。还是举"读写结合课"的案例。教师在进行一系列的"读写结合课"案例研究后，提炼出一系列的事例经验，例如，如何借助不同的文本进行读写结合，如何创设读写结合活动，读写结合课的课型怎样等。教师可结合自己的实践经验，提取出一套"读写结合课"的操作方法，包括读写结合材料的选择，"读写结合课"流程的安排等一系列的理论。这时可以以论文的方式阐述教学理论设想，形成自身的教学思想。自身的教学思想形成后，还需要不断地实践再验证、再修正，而不是一经形成就永远定型了，因为事物是随着世界的发展而发展变化的，教学思想也是一样，不可能一成不变。所以，教师要有一个敏锐的头脑，对自己的教学思想不断地增加新的内容，从横向、纵向进行拓展。"读写结合课"教学思想形成后，还可以继续拓展，如"阅读课""习作课"等。思路是随着实践越走越宽的，也会慢慢地形成自己的教学思想和主见。

北京师范大学教育学部教育基本理论研究院教授肖川先生说："你真正的生命是你的思想，你的思想就是你的处境。"一位教师要想生活得有意义又充实，有思想是很重要的。随着教育改革和时代的发展，信息瞬息万变，日新月异，对教师的"思想"要求会越来越高，在教育改革征程中的先锋，其必定是一位有"思想"的教师。2012年，我在给所在乡镇老师和接下来的工作室成员研修中，第一个给老师们安排的讲座就是"做一位有思想的教师"。如何成为"有思想的教师"？其包括五个方面的要求。

第一，立德树人。要厚植爱国主义情怀，不忘立德树人初心。做一名爱国、爱党、爱生的好教师，加强品德修养，牢记使命，在立德树人的生动实践中培养社会主义的合格建设者和可靠接班人。

第二，不断学习。要增长知识见识，树立终身学习、持续性成长的理念，不断走出舒适区，不断探索新可能，不断学习，要学会自我思考，学会透过现象看本质，时刻以一个终身学习的姿态站在学生面前。如果教师本人都不学习，又怎么劝学生学习呢？

第三，善于观察。观察是直接了解学生的方法，能使教师更好地改进教学方法。作为一位新时代的教师，更要具备观察的基本能力。在生活中，学会观察，善于观察；在课堂上，有目的地观察，探索实践，解决问题。

第四，大胆创新。要做一位创新型的教师，要有新的理念。有理念就有方向，有理念就有约束，把培养创新型人才作为教育的首要问题和根本任务。

第五，善于总结。一位优秀的教师，还必须是一位合格的作家。做一位有思想的教师，除了多思考外，还要具有写作意识，要多练写，养成每天写反思、写随笔的好习惯，坚持练写，假以时日，写作会成为生活的"必需品"。多写作，多反思，多总结，使自身的知识结构和思维体系更具逻辑性和系统性，持之以恒，便能形成自己独特的思想和理论体系。

第二节　课堂教学是事例经验生长的土壤

　　事例经验是个人教学思想的最初元素，是组成类经验个人经验体系，形成教育实践智慧的最基本元素。事例经验从何而来？从教师的课堂教学实践中而来。课堂教学是事例经验生长的土壤，教师要做课堂教学的有心人，只有在课堂教学中注入心力，才能生长出教学的"经验之花"。反之，随随便便地上课，是不可能提出事例经验的。因此，把课上好，是提取事例经验的第一要素。

　　怎么才能上好课？回首往日，1999年，我刚从师范毕业，初为人师，那是一种怎样的感觉？那个年代的培训学习特别少，我教学生涯的第一个十年，培训几乎为零。那靠什么实现专业成长？我想，应该靠的是课堂教学实践和自学。刚入职那几年，我在业余时间通过自学完成了教育学专科和本科的学习内容。这也为我后来的成长奠定了教学实践与教育理论的基础。

　　长期的一线教学实践经验证明，教学实践就是教师扎根向上生长的土壤，教学思想来源于事例经验，而事例经验又根植于课堂教学实践，没有优质高效的课堂，哪里来的事例经验呢？所有的优质课堂都是有"备"而来。一个课前无所准备的教师是无法从课堂中提取事例经验的，因为他连驾驭课堂都有困难，更不要说有事例经验了，就算有，也都是一些挫败的经验。一位教师要想把课上好，把学生教好，从日常教学中提取出一些事例经验并备好课很重要。"备"什么？教师可以从几个方面来"备"：备教材，进行文本解读；备学生，进行因材施教；备活动，激发学生的学习兴趣；备作业，巩固课堂教学质量。教师可以从每个环节中，提取出很多的事例经验，关键是要做个有心人。

通过课堂教学这一主阵地，积极探索、大胆实践，打造有效课堂。有效课堂是提取事例经验的主要源泉。

第三节　文本解读

一、备教材，进行文本解读

　　语文阅读教学的基础是文本解读，语文阅读教学的逻辑起点也是文本解读，语文教师的基本功也是文本解读，如果语文教师不具备文本解读的基本功，要上好语文课多半只能是奢望，可见文本解读是非常重要的。作为一名语文教师，必须修炼好文本解读这一项基本功。正所谓"万丈高楼平地起"，没有文本解读的功底，不可能成为一位优秀的语文教师，更不可能教好语文。

　　文本解读的首要任务是素读文本，现在很多教师文本解读的顺序错了，是先读教参、教辅，再读教材，甚至是只读教参、教辅，不读教材。正确的文本解读步骤应是先读教材，而不是教参、教辅资料。文本解读的主体应该是教师，而不是名目繁多的教参。教师不是教参的"搬运工"，也不是教参的"传声筒"。现在很多一线教师上课前，备的不是课本，而是教参和现成的教案，整个备课过程没有阅读课本，即使阅读也不超过3次，因为大家都觉得这些文章太熟悉了，不看也知道。有些教师更是连教参、教案都不看，直接去上课。来到课堂，还是用老掉牙的方式——"填鸭式"的方法教学，所以课堂教学效果不好，学生能力更无从发展。

　　在长期的教学实践中，少有教师有文本解读的观念，甚至不知道什么叫文本解读，骨干教师可能略知一二，但是他们在日常教学中也没有做文本解读，为什么？因为文本解读不需要检查，大多数教师日常教学流程就是备课—上课—改作业—测试"四步曲"，这"四步曲"都是在教师的工作中显现出来的，有检查、有落实，而文本解读更像是一种自觉行为，所以文本解读需要教师主动作为。教师的文本解读能力是阅读教学是否正确、能否深入的关键。如果教师不能准确理解文本，那么就无法引导学生正确地理解文本；教师只有对文本理解深入，才有可能引导学生深入下去。因此，我们呼吁广大教师要认真学习文本解读。

先来理解什么是文本解读。从狭义上看，文本是指根据一定的语言规则组成的语句系统（简称作品），每一个文本都是独立于外面的客体，是一个客观存在的对象，它独立于作者和读者，不以读者的意志为转移。我们要尊重文本，不可以随意地想当然，因为这样有可能会对文本产生错误的解读。文本解读是一个读者发现文本意义的过程，是读者与作者进行隔空对话的过程。教师提前阅读文本，进行文本解读，形象地说是提前与作者进行隔空对话，再为学生搭建与作者进行文本对话的桥梁。文本解读就是对文本进行正确的理解，不是评价，也不是鉴赏。文本解读要确定文本中的各项重要语义，厘清各项重要语义之间的关联，梳理文本内部的行文结构和作者的写作思路。教师的任务就是先如实还原文本本身的意思，不要加入自己的感性评价，因为教师的理解不等同于作者的原意，所以过分凸显教师自己的理解，有可能会歪曲文本的原意，错误地引导学生阅读。

二、素读、熟读文本

如何进行有效的文本解读？我提倡素读文本，通过素读与文本面对面"对话"，获得文本中最核心的信息，提取文中最重要的内容，以构成语文教学的重点。教师只有通过对教材的素读，才能找到教学中的重点、难点和真实体验到阅读的感受，从而为学生搭建与作者对话的桥梁，而不仅仅是依据教参、教辅。教参与教辅能帮助我们再一次验证对文本解读的正确与否。

我担任过一次教师比赛的评委，教师评比的项目是模拟上课，教师模拟教学流程没有什么可挑剔的地方，等教师模拟上课结束后，由评委提出问题，我请参赛教师把这首古诗背诵出来，这位教师说，因为时间很短，刚才备课的时候顾着准备其他内容，所以不能把这首古诗背诵出来。这个事例引起了我的深思，再反思课堂教学，我们曾经不也像这位教师一样：在课文都不会背的情况下，反而要求学生背诵，在课文都不读的情况下，居然教学生学课文，对课文陌生到如此地步，又怎能引导学生学好呢？在小学语文教材中，有多少篇课文是要求学生背诵的，作为教师也应该先熟读成诵。如果教师连课文都不熟悉，那不是教师，而是一台传授知识的机器。因此文本解读的第一步就是素读课文，甚至是熟读成诵，一个人只有在熟悉的领域才能胸有成竹，否则就只会胆战心惊，只有熟读了才会游刃有余，触类旁通。

三、按体裁进行文本解读

目前很多一线教师，并不清楚什么是文本解读，也极少去研究文本，包括我自己有时也因为事务的繁忙，很少有时间坐下来充分与文本对话。回想当年刚踏入教学这一门槛的我，全然不顾学生是欣然还是懵然、是茫然还是漠然的眼光，只知道拿着书本对学生照本宣科，对语文教材的错误运用还浑然不知，我们是否在不经意间把寓言故事上成了故事课，把科普说明文上成了科学课？让我印象最深刻的是，我上一节语文课《太阳》，当时我在那个还没有多媒体的年代，运用了幻灯片、播放电视视频等方式给学生介绍了很多关于太阳的科普知识，当时的课堂赢得了同行的赞赏，因为有趣、丰富。可是今天再回头看，觉得却是一节失败的语文课，为什么呢？因为，当年的我，为了一味地追求声、光、电的课堂效果而忽略了文本，把语文课上成了科学课却浑然不知。整节课下来，可能学生只是得到了一些科普知识，却没有参与到语言文字的运用中去，充其量这只是一节科学常识课。只有多年后的今天，再回到原点，回归常识，我们才能有真正的领悟，才能形成完全属于自己的认知，阅读教学才会充满活气，拥有灵气。不仅是年轻教师或者是骨干教师，甚至是名师都要明白，参考资料只能供群体认知，而不能替代教学个体的见解，关于赏析什么样的语言和如何赏析，叶圣陶先生为我们指明了路径："第一步在对于整篇文章有透彻的了解；第二步在体会作者意念发展的途径及其辛苦经营的功力。"

1. 人物类文本解读

从作品所描写的人物生活来看，可以对影响人物的几个因素进行聚焦解读，如衣着打扮、从事职业、话语特征、为人处世方式等。衣着打扮是人物性格特征的外在表现，它能够折射出人物的身份、职业、经济状况、社会地位、生活状态等。通过语言刻画达到形象表现人物性格、细致地表现人物内心世界的目的，课堂上可以对人物的内心世界进行剖析。下面以《小英雄雨来》为例，说明人物类文本解读的方法。

案例：如何对统编版语文四年级下册《小英雄雨来》一课进行文本解读

（注：以课后问题为导向进行文本解读）

《小英雄雨来》一文主要讲述了小英雄雨来的六个故事。这六个故事，构成了本课的主要内容。教师在上课前，素读课文的过程中，先要厘清这六个故事的内容，并且自己先要给这六个故事概括小标题，因为这也是课后练习的一个内容。六个故事分别是游泳本领高、上夜校读书、掩护李大叔、智勇斗敌、怀念雨来、机智脱险。我们教师作为成年人在第一次阅读文本后，就可以轻松地概括这六个小标题了，可是学生是否可以呢？在这里，我们先打一个问号。可能有的基础好的学生会很容易地概括出小标题，而基础差的学生则存在一定的难度，于是我们再进行第二次的文本素读。这一次，我们结合课后习题给自己设定一个阅读任务：每一节讲了雨来干什么？我们开始第二遍的文本素读，在阅读的过程中，我们可以每阅读一节进行思考：第一节，雨来游泳；第二节，雨来上夜校读书；第三节，雨来在掩护李大叔；第四节，雨来和鬼子做斗争；第五节，人们怀念雨来；第六节，雨来机智脱险。第二次素读文本，我们发现"每一节讲了雨来干什么？"更容易帮助自己概括小标题。因此，在课堂教学中，可以以"每一节讲了雨来干什么？"作为学生与作品之间对话的桥梁。第三次素读课文，我们再思考：为什么说雨来是小英雄呢？我又再读一次课文，发现课文里有很多对雨来进行语言动作描写的句子最触动我的心，其中最能体现雨来英雄气概的是第四节智勇斗敌。第三次素读文本是梳理教学重点，教学重点段需要格外关注第四节。第四节更多的是对军官人物的语言描写、动作描写和环境描写，对雨来的描写并不多，于是我想：文中的主角是雨来，为什么大笔墨写军官呢？从写作的表达方式来说，这属于侧面描写，不管是写军官的丑恶嘴脸还是他鹰一般的爪子，都从侧面表达了鬼子的凶狠，而雨来血染书本的环境描写更是凸显了鬼子的凶残。除了是一种侧面描写的表达方法外，从人文因素来看，因为雨来在鬼子面前是弱者，他根本没有反抗的能力。在恶者面前没有屈服，更可以体现雨来的英雄气概。叶圣陶说："甚解岂难致，潜心会本文。作者思有路，遵路识斯真。……一字未宜忽，语语悟其神。"他提出了"求甚解"的方法，我觉得以上也算是教师在文本素读过程中进行"求甚解"的一个案例。对《小英雄雨来》这篇课文进行了四次的文本素读后，大体可以把握课文的教学重点是：阅读课文，思考每一部分，雨来在干什么？教学难点是：①聚焦第四节，思考通过什么描写烘托出雨来是小英雄？②为什么课文里多次写到还乡河的景色？教学难点说明了侧面描写对人物形象的衬托及对事情发展的推进的重要性。

以上说明文本解读对课堂教学的重要性，看100遍教参都不如看10次文本，文本素读的过程，是读者与文本对话的过程。不与文本对话就无法了解作者的写作思路、写作意图、表达方式，只凭教参去了解哪里是重点、哪里是难点，只是知其然而不知其所以然，只有自己体会过了，才能更好地启发学生。文本解读就像一个宝藏，只有打开这个宝藏的大门，你才会发现文学的奥秘，才会真正爱上语文，文字不再是干巴巴的，它变得灵动起来，它是为了表达面服务的。经过文本解读之后，再进行的课堂教学设计，会更接地气，更灵动，更受学生的喜爱，也更容易被学生接受，所以从阅读本书起，盼望你能打开文本解读之门，开启文本解读的新旅程。

2. 诗歌类作品文本解读

清代魏际瑞认为："诗文不外情、事、景，而三者情为本。"（《伯子论文》）"有情"之文方能打动读者、深入人心。除了对文本中人物的衣着打扮、从事职业、语言特征、为人处世进行关注外，还需要感受文中蕴含之"情"。抓住语言进行欣赏，才会使阅读本身转化或提升为学生的审美体验。对文本的解读，还可以从文本的体式着手，尊重文本的特点，如诗歌，要用诗歌的方法解读诗歌，恢复文本的本来面目，去认识、领会、感受、揣摩，准确把握文本的阅读价值，从而正确建构文本的阅读意义。

案例：以诗歌《绿》为例，说说如何对诗歌类作品进行文本解读

打开统编版语文四年级下册第三单元，本单元的主题是诗歌，让我们用美丽的眼睛看世界。通过本单元诗歌的学习，初步了解现代诗的一些特点，体会诗歌表达的情感。我以艾青的《绿》为例，说说如何进行诗歌类文本的解读。首先，对诗歌进行第一次素读，在素读的过程中，教师要启动的工具是笔，一边素读一边做批注，厘清诗歌共有多少节（五节），在这五节中"绿"字重复出现了多少次（17次），除了写"绿"还写了什么景物（风、雨、水、阳光），为什么要写这些景物（因为这些景物都是绿的）。经过第一次素读，了解了诗歌的基本内容，从文本设计倒逼教学设计，这些内容就可以作为教学设计中的导入环节，让学生去理解。通过设计问题"诗歌共有多少节？诗歌里出现了多少个'绿'字？"进行课堂导入。启动学生的思维，让学生思考。这样的课堂导入，远比播放一些绿色的景色图片要高效，因为它直逼文本，追求高效课堂。紧接着，再进行第二次文本素读。第二次素读，我体会到诗歌中很多表示色彩的词语，如墨绿、浅绿、嫩绿等。那么，教师上课的时候，如何教学这一部分呢？可以捉住省略号让学生进行发散性的思维训练，如："除了墨绿、浅绿、粉绿这些词语，你还能写出什么词语？"这是一个对文本进行拓展的语言训练，是从文本语言运用的角度去设计的。那么，如何站在诗歌作者原意的角度去设计课堂教学？可以让学生思考：墨绿色的有哪些景物？每一种颜色的景物都说一两个，原来作者这里出现了那么多绿，世界上这么多景物都变成绿色的了。这样的教学设计就是对文本的一种理解，然后再在对文本的理解的基础上进行语言文字的运用：你觉得这个世界上还有哪些"绿"的颜色呢？只有在理解作者原意的基础上进行再运用，学生的思路才不会天马行空，而是真正地思考自己的生活中还有哪些关于"绿"的表达。这样学语文，才是源自文本，又联系生活，让学习语文与生活实际结合起来了。第二次素读，让我确定了对第二节诗歌的教学方法：先理解，再运用，从课本到生活。紧接着进行第三次的文本素读。第三次文本素读，让我的目光再次聚焦到本诗歌的第三节，表层次的文本解读就是一个排比句，深层次的文本阅读是思考：为什么

这里要运用排比的修辞手法而不运用比喻、拟人、夸张呢？排比是由三个或三个以上结构相同的句式放在一起，以加强语势、强调内容、加重感情的修辞方式。通常在写人、状物、写景、叙事、说理、抒情等方面都可以运用排比的修辞手法。本首诗歌就是在写景处运用排比，能起到节奏鲜明、层次清楚、景象丰富多彩、形象生动传神之效。当然在教学的过程中，我们面对的是小学生，不需要对小学生讲解太多关于文学的常识，但是我们可以通过安排有节奏的朗读，引导学生感受排比这种修辞手法的作用。所以第三次文本素读确定了我在课堂中运用哪些材料作为学生的朗读指导材料。第四次文本素读，着重关注第四、五节，通过多次阅读，发现这两段分别运用了拟人、比喻的修辞手法，第四小节的一个"挤"字运用拟人的修辞手法，体现出绿的多。读到这里，我在想，假如学生不仔细阅读，可能不会发现这是一个拟人句，因此，教学这个句子时，一定要抓住"挤"这个字，让学生做一做这个动作，体验"挤"的感觉，这样他们自然就能理解这是拟人句，并且能体会到绿的多……

所以通过多次的文本素读，不仅理解了课文内容，还初步对本课的教学内容、教学重点、教学难点、教学方法进行了预设。这都是平时直接看教参不会有的效果。每一次文本解读，就是一个与作者对话的过程，也是一个对课堂教学设计原创力进行激发的过程。

四、文本解读：既观大意又求甚解

诸葛亮独观大略，陶渊明不求甚解。他们两人的读书方法是一致的，都是观其大意的提要式阅读。文本解读既要"观大意"，整体把握；又要"求甚解"，就是咬文嚼字。读书追求的是对文本完整和准确地理解。叶圣陶说："陶不求甚解，疏狂不可循。"因此，在文本解读时，一定要遵循"观大意"和"求甚解"的原则，把二者结合起来。

"观大意"，就是整体把握。整体把握，不是整体感知。要达到整体把握，读得粗疏是不行的，这缺乏对文本的精细分析。整体把握最后表现为"一言以蔽之"的高度概括。

案例：既观大意又求甚解

统编版语文四年级上册《西门豹治邺》一文，通过文本素读能了解到本文共有16个自然段，讲的是西门豹巧妙处理官绅和巫婆给河伯娶亲的事，从而治理邺这个地方，让老百姓都过上了好日子。这就是"一言以蔽之"。通过文本解读，能够用自己的话把课文的主要内容进行概括，这就是一个语言表达、思路通过语言外显的过程。"一言以蔽之"是上文所讲的观其大意，在教学过程中，仅有观其大意是不行的，还必须进行"求甚解"，于是便进行第二次文本素读。在第二次文本素读中，我发现文本对人物的语言、动作、神态描写很多，因此，把焦点聚集在对人物的细节描写上。再结合课后练习题："找出第10～14自然段中描写西门豹言行的句子，说说西门豹惩治巫婆和官绅的办法好在哪里。"根据这一练习题，我将进行第三次文本素读，这回，把目光聚焦到第10～14自然段中描写西门豹言行的句子上，这些句子体现了他机智的特点，将计就计，惩处邪恶、教育群众的场面尤为精彩。如果在教学过程中，在此处设疑启发学生思考："10～14段西门豹是怎样跟官绅和巫婆说话的？这样说有什么好处？如果不这样说，行不行？"学生就会理解到，西门豹之所以这样说，是为了让老百姓明白河伯娶亲这件事是假的，同时西门豹又巧妙、不留痕迹地处治了官绅和巫婆。

"求甚解"的方法，一是把握文本写作思路，二是研究文本字句中的细枝末节。这就需要教师对文本进行多次解读。由此可见教师课前多次进行文本素读的重要性。文本素读就是与文本对话，在对话过程中，遇到的困惑之处、精彩之处，便可成为课堂教学中的重点、难点和关键点。因此，建议教师备课前，先进行文本素读，在素读的基础上进行教学设计，教参只是提供参考，不能作为授课的教案。

第四节 课堂教学设计

在进行了充分的文本素读之后，就可以进入对一篇课文的教学设计。课堂教学设计也就是教案，因为在学校工作比较繁忙，很多教师都参照现成的教案，而现成的教案通常不实用，要么不符合自己所教学生的学情，要么就是教学设计质量不高，可复制性不强，导致课堂教学与教学设计完全不一样。要上好课，好的教案还是很重要的，它是我们上课的一个方案，如果连方案都没有，就很容易"眉毛胡子一把抓"没有实效。但是教师工作繁忙，那怎么办？我建议大家在文本素读的基础上写"简案"。

一、语文教学设计的含义

语文教学设计是语文课堂教学的"蓝本"。关于教学设计的含义，学术上的说法不一，综合相关的观点，我认为，语文课堂教学设计是教师根据学生已有的学情，结合文本，通过多次素读文本，与文本对话，从而在立足文本的基础上确定课堂的教学内容、教学重难点，并通过设计师生语文学习活动，再次实现学生与文本对话，进而使学生可以理解、评价、运用文本内容。

二、语文课堂教学设计应遵循的原则

1. 因材施教原则

课堂教学设计要遵循因材施教原则，要了解学生的学情，立足学生的学情。因材施教主要体现在教学内容和教学方法的选择上，以适应各层次的学生为目标，提高课堂教学的有效性。

　　基于因材施教的原则，更提倡教师在课前进行多次的文本素读，因为只有自己素读了文本，才能品味到文本中的重点、难点，教参提供的内容是面向所有学生的，却不包括每一层次的学生。因为地域不同，对文本中材料的选择又各不相同，简单点说，就是给城里学生上课的教案来到农村学校肯定不适用，农村学校的教学设计放到城里学校也是不适用的。还有就是对不同年龄段的学生，设计的教学设计也不同，如低年级的教学设计只能在低年级使用，放在高年级就显得幼稚，而高年级的教案放在低年级使用则显得枯燥乏味。因此，教师在进行教学设计时，要心中有学生。现在列举一个遵循因材施教原则进行教学设计的案例。

案例：遵循因材施教原则进行语文教学设计

　　以统编版小学语文四年级上册《一只窝囊的大老虎》为例，说说如何遵循因材施教原则进行语文教学设计。在教学设计之前，首先要进行文本素读，第一回素读，给自己设定的任务是：思考如何根据学情选择教学内容。因为本课共有22个自然段，是一篇长文，但课堂只有40分钟，如何实现"长文短教"？如果只是参考教参去确定课堂的学习内容，这样的课堂是机械而没有生命力的，只有教师素读文本后，根据自己的阅读感受和所教班级的学情而确定的学习内容才是富有生命力的。基于这个出发点，我进行了第一次文本素读，在第一次素读后，记录下我的阅读感受。在素读课文时，要及时地记录自己的阅读感受，做批注则是有效的素读"工具"之一。做批注，就是写出自己当时的感受、体会、观点。这个过程既是对文章的理解过程，又是内化知识的过程。做批注，有两个做法很适合教师：第一，做提要，即用精准的语言把对文本的看法写在相关语段旁边；第二，写批语，即读书时，把在阅读文本时产生的、自己觉得有价值的各种感受写在旁白之处。我从素读第一段开始，就感受到其语言富有儿童的味道，它是以儿童的口吻来写文章的，学生易于读懂。因此，可以安排学生自主阅读。但是课文中有一个地方，相当难理解，就是"为什么不会豁虎跳就不能扮老虎呢？为什么没豁虎跳就会惹起哄堂大笑呢？我至今还不明白"。其实，作为教师的我读到这个问题都似懂非懂，于是带着这个困惑点，我翻阅了一些教学参考资料，都没有标准的答案。结合本单元的"批注单元"，我觉得这里可以设计让学生做批注的活动，让学生根据自己的理解去做批注，然后分享。这个地方可以说是本课的一个难点。根据学生的年龄特点，我们不深究其中的哲学内涵，而是鼓励学生说出自己的看法，并且进行正确的引导。面对不同年龄段的学生有不同的教学方法，这也是因材施教的例子。

2. 循"序"渐进原则

语文课堂教学设计要依照一定的次序一步一步地进行。既要遵循文本本身的"序"，也要遵循学生学情发展的"序"、学生年龄特征的"序"，循"序"渐进地进行教学设计，这样教的知识必然是"可接受的"，让课堂教学更接地气。这里的"序"之所以带有双引号，因为这里的"序"是可以顺序，也可倒序，甚至可以是变序的，教师要根据文本内容灵活设计。现在以下面的案例做一说明。

<h3 style="text-align:center">案例：遵循循"序"渐进的原则进行语文教学设计</h3>

传统的语文课堂教学都是依据循"序"渐进原则进行的，如由浅入深、由低到高等，而随着课堂教学的探索，我们发现循"序"渐进原则中的"序"可以是顺序，也可倒序，甚至是可以变序的。统编版小学语文四年级上册《牛和鹅》课后有一个问题："为什么'直到现在，我还记得金奎叔的话'？"这个问题是整篇课文的结果，在课堂教学设计中，可以在开课时，以这个问题启发学生思考，让学生带着问题去阅读课文，理解课文，寻找这个问题的答案。这样的教学设计就是一种以"结果"倒逼"原因"的教学设计，它所遵循的是"倒序"的课堂教学方法，从一定程度上，可以改变学生的思维路径。再如，统编版小学语文四年级下册《乡下人家》一课，文中写了关于乡下人家的四幅图画，如瓜藤攀架图、花开三季图、鸡鸭觅食图、门前晚餐图，这四幅图画在文中是并列关系，因此在课堂教学中，可以改变它们的"出场次序"，如可以设计一个问题，让学生选择最喜欢的一幅画面进行阅读，然后教师再和学生一起学习这幅画面。让学生按照自己的喜好自主选择，改变了课堂教学内容的次序，这样的课堂更具有活力，更能唤起学生的学习兴趣，这就是课堂教学设计

的"变序"。教师在备课前，进行文本素读时就可以根据文本的结构、内容和表达特点，有机地进行选择，合理利用顺序、倒序、变序的教学设计，激发课堂活力，培养学生的多向思维能力。

3. 知识传授与发展智力相协调的原则

在课堂教学设计中，既要重视语文知识的传授，又要重视发展学生的智力；既要教给学生知识，又要引导学生习得学习方法。知识传授与智力发展两者有机结合，协调发展，不可偏废，这是重要的原则。在语文课堂教学设计中，传授知识和发展智力是对立统一的关系。

语文课堂要传授给学生语文知识，这个是没有争议的，可现在随着信息技术的飞速发展，单一地传授知识已不能满足新时代对新人才的培养要求。传授知识是输入，而输出有助于发展学生的智力。在语文课堂教学中，哪些基本技能属于输入？听、读是输入。哪些基本技能属于输出呢？说、写是输出。那么，如何合理安排好输入与输出的学习活动，让输入与输出更好地为学生的智力发展服务？这就要通过教师进行素读文本，在文本中寻找可以实现输入与输出的材料，再设计相应的学习活动，让学生在学习活动中进行输入与输出训练，使其习得语文知识，发展他们的智力。现以案例进行说明：

案例：块状式的课堂教学模式更利于发展学生的智力因素

在实际教学过程中，许多教师习惯运用"点状式"的教学方式，即在教学过程中，只是加一点时间让学生自主学习，大部分时间都是以教师的讲授为主，这样的课堂教学是存在极大弊端的。"点状式"教学虽说能完成知识的传授，甚至能让学生在考试中取得不错的成绩，但根据小学生的年龄特点，这种教学模式并不能唤起学生学习语文的兴趣。我在多年的教学实践中得出结论："块状式"的学习活动型的课堂教学模式优于"点状式"的问答式的课堂教学模式，在课堂教学中，可设计"听、说、读、写"四个板块的学习活动。举个例子，统编版小学语文四年级上册《盘古开天地》一课，大家都非常熟悉这个故事，如果是线状式的课堂教学结构，可以是先了解盘古为什么开天地—盘古怎么开天地—盘古开天地后的变化。教师根据这样的线索安排教学活动，很容易走上"内容分析"的老路。但是，如果以"聆听课文，整体感知—练习说话，了解盘古—多式品读，感知盘古—练习表达，升华感情"这样设计整个教学流程，就能体现以学生为主体，通过聆听、说话、多式品读、练习表达，充分调动学生的五官，让学生参与到学习中来。整个教学过程，既有知识的输入，又有能力的输出，让学生在输入与输出之间积极地调动每个细胞参与到学习中来，这样的课堂教学设计，真正把课堂还给学生，让学生做学习的主人。

在课堂中，如果学生不参与学习，只是听老师讲，是永远也学不会方法的，必须让学生亲自尝试。如"练习说话，了解盘古"就是一个输出的环节，学生聆听课文，在整体感知的基础上，对课文中的人物有了初步的了解，再结合课后的习题，让学生说一说他心目中的盘古是什么样的。如果只是老师说盘古是勇于奉献的，可能没几天学生就忘记了，只有学生自己经过思考产生的阅读感受才是属于学生自己的。因为通过问题"你心目中的盘古是什么样的？"会引发学生的思考，学生会根据文本提供的信息，结合平时的词语积累，从大脑的词库里提取出如"勇敢、坚强、无私……"这些词语，不管准确与否，它产生的意义远比教师直接告诉学生答案要好。所以，教学设计要紧紧抓住知识传授与发展智力相协调的原则，只有两者有机结合的课堂才是有效的课堂。

4. 思维训练与技能训练相结合的原则

在语文教学设计中，要考虑对学生进行听、说、读、写等基本技能的训练，进行思维训练。在人的智力因素中，思维是核心，技能训练对思维的发展有一定的作用，思维可使人聪明，技能也可使人聪明，两者结合起来，和谐发展，不仅知识可以学得更好，而且人会变得更聪明。我在多年的教学实践探索中，体会到思维训练对学生智力发展的重要性。思维训练尤其是发散性思维的训练更为重要，但是现在不管是课堂教学还是考试，都在强调标准答案，这样就会限制学生思维的发展。随着时代的发展，国家和社会对创新型人才的需求迫切，学校教育也要随之改变。从现在的学生测试试卷上看，很多考题也不再只有一个标准答案，关于学生评价也在发生改变，不再要求只有一个标准答案，而是鼓励发散性思维，鼓励发展学生的创新能力。语文课堂如何借助文本发展学生的思维能力？接下来，以一案例加以说明。

案例：在语文课堂教学中发展学生的求异思维能力

求异思维，也可称之为发散性思维，是众多思维中的一种，也是培养创造性思维的基础。过去，我们的语文教学极少考虑到课堂要发展学生思维能力，大家都认为，发展思维是数学教师该干的事，与我们语文教学无关。其实这种看法是不正确的，在基础教育中，语文学科即是母语学科，从学生一年级开始，语文学习就占据了其大部分的学习时间，如果不借助语文文本对学生进行思维能力的训练，实在有点可惜。思维训练的种类有很多，常见的有求异思维、批判性思维等。其中，求异思维是创造性思维的基础，在教学中有意识地发展学生的求异性思维，有利于培养创新型人才。

现在，以统编版小学语文四年级上册第12课《盘古开天地》一课说明：如何借助语文文本对学生进行求异思维能力的训练。在这一课的教学设计之前，照例还是进行文本素读，通过素读文本，我们不难发现，这一课第5自然段运用了比喻的修辞手法，作者通过丰富的想象，描写了盘古的身体所变成的天地万物，段末有个省略号，此处可以设计一个小练笔活动："盘古倒下以后，他的身体发生了巨大的变化。他的_____变成了_____

_____。"通过让学生练习想象，练说，写下盘古倒下以后，他的身体还会发生哪些巨大的变化。这是一个很简单的教学案例，很多教师都会进行设计，但是在设计的时候，可能只会想到这是对学生进行的一个小练笔和培养想象力的训练，殊不知，这里潜藏着的是对学生进行求异性思维训练的元素。课本中类似的训练元素还有很多，需要教师在素读文本时，有意识地去发掘。除了在标点符号处可以对学生进行思维训练，还可以在一些疑难问题处，设计对学生进行思维训练的活动。

再举一个例子，还是统编版小学语文四年级上册第19课《一只窝囊的大老虎》，在备课的时候，照例对文本进行素读，通过文本，发现第22自然段潜藏着一个非常有哲理的问题，即便是成年人也不能立刻回答这个问题，正因为这样，所以才有思考的空间。文中说："为什么不会豁虎跳就不能扮老虎呢？为什么没豁虎跳就会惹起哄堂大笑呢？我至今还不明白。"如果把这个问题摆出来问教师，很多教师可能也不知道如何回答，往往在课堂教学中一带而过，因为这个问题考试不会考，所以不去重视。其实，这个问题是一个训练学生求异思维的好契机，可以设计一个辩论活动，分出正方和反方，正方的观点是：不会豁虎跳就不能扮老虎。反方观点是：不会豁虎跳也能扮老虎。课前让学生准备，然后课堂中设计一个10分钟的辩论环节，让正反两方的学生进行辩论。在辩论活动中，学生唇枪舌剑、思维碰撞。我们要的不是标准答案，而是在辩论的过程中锻炼他们的思维，让他们的思维更流畅、更独特、更多向，这才是我们的设计意图，而不是仅坐在课室里去理解到底是不会豁虎跳就不能扮老虎，还是不会豁虎跳也能扮老虎。

其实，这样的训练思维的例子在我们的统编版语文中比比皆是，关键是我们要改变过去单一的传授知识的思路，时刻铭记我们的育人目标是培养创新型人才，我们的使命是让学生在学语文的同时，发展他们的思维能力，提升他们的思维品质。所以我们的一线教师要有语文思维型课堂的意识，把发展学生的思维能力放在首位。

三、语文教学方法

《孟子》有言："徒善不足以为政，徒法不能以自行。"可见方法的重要性。常见的小学语文教学方法有讲授法、小组合作学习法、观察法、训练法、读书指导法、自主学习法等。

（1）讲授法：主要是教师通过运用简明、生动的口头语言向学生传授知识、发展学生智力的方法。

（2）小组合作学习法：是教师在课前根据文本及学情，设计语文学习活动，活动以小组为单位，围绕活动主题，各抒己见，通过讨论、辩论、实操等活动，获得知识和运用知识的一种教学方法。

（3）观察法：是教师在课堂上通过展示各种实物、直观教具或进行示范活动，让学生通过观察获得感性认识的教学方法。

（4）训练法：是学生在教师的指导下巩固知识、运用知识、形成技能技巧的方法，以形成知识体系及提高学生的智力水平。

（5）读书指导法：是在课堂中，教师指导学生通过阅读教科书或相关的拓展阅读材料，以获得知识、巩固知识、培养学生自学能力的一种方法。

（6）自主学习法：是为了培养学生的良好学习习惯和自主学习能力，锻炼学生的综合素质，让学生利用各种资源自主学习的方式，然后进行同伴互助和分享。

当然，除了以上教学方法，外还有很多其他的教学方法，如表演法、朗读法等。我们要善于根据文本特点和学生特点进行教学方法的选择与整合，形成"1+X"的教学方法体系，这样便能改变教学方法单一的局面。根据小学生的年龄和心理特征，如果教师只运用讲授法，是无法吸引学生的注意力的。因此，我们应在文本解读之后，根据每篇课文的不同特点选择运用不同的教学方法。

案例：如何在阅读教学中整合教学方法

以统编版小学语文四年级上册第一单元第1课《观潮》为例，照例进行文本素读，不仅对《观潮》一课进行文本素读，还要对单元导读、本单元的其他课文及语文园地有一个大概的了解。本单元的单元导读要求一：我们要"边读边想象画面，感受自然之美"。要求二：推荐一个好地方，写清楚推荐理由。再素读本单元的课文《走月亮》《现代诗二首》《繁星》，这3篇课文都是写景抒情类的文章，继续看本单元的习作"推荐一个好地方"。由此可见，本单元提供的例子就是写景类的课文，让学生从中学习写景类文章的写作方法，继而加以运用写作："推荐一个好地方"。编者的意图非常明显——学以致用。那在教学设计中，应该选择怎样的教学方法呢？在单元备课之时，应对本单元每篇课文所要运用的教学方法进行整合，如《观潮》运用讲授法＋观察法＋小组合作学习法；《走月亮》运用讲授法＋小组合作学习法＋自主学习法；《现代诗二首》运用朗诵法＋表演法；《繁星》运用读书指导法＋自主学习法。只有在单元备课时，在素读文本的基础上，选择好教学方法，再进行课堂教学设计，把学习的主动权交给学生，把课堂时间还给学生，教师的角色更多地体现在课前做充分的活动准备、课中做充分的指导工作，才能实现"学生是课堂的主人"的目标。

在课堂中，我们可以选择整合教学方法（想象法、观察法、小组合作学习法等）的方式进行教学，教师课前备教学方法，对课堂中将运用什么教学方法进行系统设计与定位，这样更有利于学生的学习，更容易达成教学目标。所以整合式教学方法的设计理念非常实用，值得推广。

作为一名新时代的教师，除了做好文本解读和语文课堂教学设计、教学方法的选择外，还要认真学习汉语言文学知识。汉语言文学知识，是文本解读的根基，没有汉语言文学的根基，就无法进行文本解读。汉语言文学知识包括哪些方面的知识呢？汉语言文学包括文学概论、中国古代文学、中国现代文学、中国当代文学、外国文学、比较文学、民间文学、儿童文学、影视文学、美学、中国古代文论、西方文论、马克思主义文论、中国文化概论、西方文化概论等内容。制订读书计划，多利用业余时间，博览群书，培养自身具备一定的文艺理论素养和系统的汉语言文学知识。

四、结语——阅读的力量

著名教育家苏霍姆林斯基说："应该让孩子生活在书籍的世界里。"北大资深教授钱理群先生有更为明确、直接的表述："学好语文有很多要素，但最核心最根本的方式就是阅读。"上海吴忠豪教授"培养读书习惯是语文课的头等大事"讲座，其中讲到当下语文教育乃至中国教育出现的种种问题，都可以直接或间接地从丢失了读之"根"上去找到原因，更是让人醍醐灌顶、受益匪浅。回想过去，最早拜读吴教授的专著《从教课文到教语文》，这本书曾经对我教学理念的转变有着巨大的影响。聆听吴教授的讲座，深感幸运，学习永远在路上，在聆听的过程中，不断做笔记、思考，不断地结合自己的日常教学进行检视与反思。

思考一：关于阅读，教师能否身体而力行

关于阅读，作为教师，能否身体而力行？答案多半是否定的。自从参加工作，每天都在烦琐的工作中，已经没有时间用来读书了。劳累了一整天，拿起书本，没看几行字，瞌睡虫就来了，不禁感慨：老了，老了，读不进书了……其实不然，我们的大脑是有记忆的，当我们习惯刷手机的时候，刷几个小时，也不觉得累，可是当拿起书本时，因为太长时间不曾阅读，所以大脑对书本要有一个重新适应的过程。当我们坚持阅读，我们就会发现自己渐入佳境，不会一捧起书，就想打瞌睡。当我们领略到阅读的好处时，我们会越读越感兴趣。阅读的好处，首先是能改变我们的容颜与气质，正所谓"腹有诗书气自华"。读书能愉悦身心。因此，如果老师们过去已经丢失了每日阅读的习惯，那么从今天起，重新把阅读列入每天的日程表中去，每天坚持阅读半小时，制订阅读计划和阅读书单，做阅读笔记，写阅读心得。只有教师先带头阅读，才有底气让学生去阅读。只有教师自己先养成了阅读的习惯，坚持每天阅读，才能成为学生阅读的摆渡人。统编版教材总编温儒敏先生说："老师不读书，怎么能教好书？"苏东坡的朋友黄山谷所说的话最妙，他说："三日不读，便觉语言无味，面目可憎。"所以，作为一名语文老师，我觉得要先行动起来，做引领学生阅读的先行者。

思考二：阅读教学是否名副其实

为什么我会思考阅读教学在课堂教学是否名副其实？回忆一下我们的课堂，在阅读教学中，学生在课堂中阅读时间有多少？学生独自与文本对话的时间又有多少呢？教师常常担心学生不会，而进行包办代替，教师习惯了把课文分解得支离破碎，然后再喂给学生。教师永远不敢放手，学生便永远不会阅读。阅读能力对一个学生而言是否重要？答案当然是肯定的。不管是在学校还是社会，一个人的阅读能力，是决定一个人语文素养的重要因素。在语文教学中，阅读教学占据首要地位，每天上语文课，可学生的阅读能力如何？现实并不理想，学生普遍存在以下阅读障碍：①对阅读不感兴趣，没养成阅读习惯；②对阅读感到惧怕，不会阅读。究其原因，学生缺少科学阅读指导和循序渐进的阅读实践。

读书习惯养成和年龄有很大的关系。小学和初中年龄段基本上可以决定一个人一生是否喜欢读书。6～12岁是阅读能力（即学习能力的基础）长期发展的黄金时期，是读书习惯养成的关键期。阅读习惯是需要培养、指导、监督方能养成的。那么，如何帮助学生养成阅读的习惯呢？主要从以下四个方面进行强化。

1. 为学生选择优质的阅读材料

选择阅读材料需要遵循以下三个原则。

（1）健康性原则。不管教师还是家长，要为学生选择阅读材料，首要原则是选择健康向上、正能量的阅读材料，因为学生没有足够的是非分辨能力，不健康读物的观点和内容，很容易把学生的思想观念带偏，所以要慎重把好读物思想内容的健康观。

（2）趣味性原则。小学生阅读的第一要义是趣味性，要唤醒学生的读书兴趣，应为学生选择适合他们年龄的读物，让学生读了一本还想读下一本，在学生的心里种植下一颗阅读的种子。

（3）适用性原则。要考虑阅读者的年龄特点和所在学段的语文教材特点，从教材的课文内容和课文体裁去进行选择。叶圣陶老先生曾经说过，课文无非是一个例子。课文这个例子为我们提供的是作者的写作方法，而课外阅读则是对课文这个例子的补充。课外阅读建议选择与所学课文相关的类文，可以是和课文体裁相类似的类文，也可以是和课文写作方法相类似或相反的类文，还可以是与课文内容相似的类文。总之，课外阅读是课内阅读的拓展与补充。

2. 安排好每日阅读时间

读书习惯的养成取决于以下三个因素。

（1）阅读的持续性和连贯性。每天要有固定的时间进行阅读，养成阅读的习惯。

（2）阅读量的积累。一般学生一年的阅读量要达到50万～100万字才可以有这种能力的萌芽。

（3）阅读能力的形成是一个循序渐进的过程，一般需要10年左右才能够有成效。每年需要阅读200小时，每周5小时。落实到学生的日常阅读中去，则是第一学段的学生，每天需要阅读69个字；第二学段的学生，每天需要阅读548个字；第三学段的学生，每天需要阅读1370字。从数字上看，每天阅读69、548、1370个字，数量并不多，难的是持之以恒地坚持。所以，从现在起，制订学生班级阅读计划吧。

3. 阅读方法指导

语文能力不是讲出来的，学习兴趣不是讲出来的，情感态度更不是讲出来的，讲的作用有限。百讲不如一练，可是教师却拘泥于课文怎么讲，少之又少地思考学生怎么读。教师一直没能正确定位小学阅读教学目标，小学阅读教学目标不在于培养学生的文本解读、分析能力，而是激发学生的阅读兴趣，熟练阅读技能，培养读书习惯。阅读技能和习惯的养成靠的是阅读实践，把阅读时间还给学生，让学生在阅读中与文本对话，感悟就是最好的阅读实践。

4. 阅读成果分享

在课堂中，教师习惯以问答式、讲解式等方式进行教学，忽略了让学生分享他们的阅读感受，因为认为学生根本没有时间亲自去阅读，学生可能根本就没有阅读感受，所有的阅读感受看似都是教师在教学过程中强加给他们的，久而久之，学生不再思考，不再表达自己的阅读感受。其实，学生对文本思考的过程就是对语言重组的过程，学生分享阅读感受的过程就是用语言把思维呈现出来的过程。表达阅读感受的过程就是阅读分享的过程，教师在阅读分享这一教学环节中扮演阅读分享活动设计者的角色。教师可以根据学生的年龄特点，设计有特色的阅读分享活动，如通过写一写、画一画、演一演、辩一辩等方式设计阅读分享活动，让学生在阅读分享中，把对阅读文本的感受体会跟同学分享。分享的过程就是一个语言与思维重组的过程，"一千个读者就有一千个哈姆雷特"，阅读分享的过程也是求异思维训练的过程，不同的观点与思维碰撞，这样的阅读分享会让学生对阅读更感兴趣，学生在分享中有机会展示自己，能让他们体会到自己是学习的主人。

第三章

"梯度式"随文练笔习作教学法的解读与实践应用

教学有法，教无定法，贵在得法。

——叶圣陶

第一节　教学方法的发展简史

一、教学方法简史

叶圣陶先生说："教学有法，教无定法，贵在得法。""教学有法"，说明教学是有一定的规律和方法可依的。"教无定法"，是说任何一种教学方法都不可能适用所有的学科、课型、学校。因此，每位教师都应在遵循教学规律的前提下，选择适当的教学方法，能有针对性地面向自己所教的学生，这就做到"贵在得法"了。每位一线教师都有着丰富的教学经验，都积累了一定的教学方法，教师在每节课的教学过程中，都会运用一种或几种教学方法的组合，但少有人思考自己到底运用了什么方法、为什么要运用这些方法，更少有人会尝试改良这些方法，让它们更加适用于课堂教学。关于教学方法，我们很熟悉，要是问你：什么是教学方法？你知道关于教学方法的简史吗？可能教学方法又是"最熟悉的陌生人"了。作为一名语文专业教师，有必要了解教学方法的简史，并且心中要有"教学方法"这个概念。

（一）中国古代教学方法论

说到古代教学思想，大家都会马上想到孔子。《学记》中记载着许多教学方法，比如，教学相长、因材施教、循序渐进等，主张课内与课外相结合，课本学习和实际训练相结合。这些教学方法我们都不陌生，下面对其进行简要说明。

1. 教学相长

教学是教师的"教"与学生的"学"的互动过程，在《学记》中已有记载，可见我国古代教育家在长期的教育实践中，已经积累下如何处理教与学之间矛盾关系的宝贵经验：要在教学过程中，处理好教与学之间的关系，教与学是一种辩证关系，它们是互相依存、互相促进、互相发展的，教可以帮助学，学可以促进教。这种对教与学的论述直到今天依然是得到人们认可的。

2. 因材施教

因材施教也是孔子的教育思想和教学方法的精髓。因材施教可以有效地解决教学中统一要求与受教育者的个性差异的矛盾。现实教学中不可能没有统一的要求，但不能因此不考虑学生的个性差异，因为学生是千差万别的，应在统一要求的前提下，照顾学生的个性差异，而要照顾学生的个性差异，就必须全面了解所教的学生，包括学生的学情、性格、才能、兴趣。如果不了解学生，又怎么能做到因材施教呢？在了解学生的基础上，设计适合学生发展的教学方法，如低年级学生注意力不集中，可以多采用游戏教学法，在对全班学生进行统一教学的同时，可设置不同的问题照顾不同的学生，照顾各个层次的学生，以保证学生的全体发展。

3. 循序渐进

最早主张循序渐进教学方法的教育家是孟子，他认为，学习是一个自然的过程，不可揠苗助长，要顺应自然。他指出，"其进锐者，其退速"，他还要求学生学习要有一定的步骤，要像流水一样，不断前进。循序渐进教学方法在今天依然适用，此方法是遵循自然界的规律的，同时也遵循人的发展规律。当然，随着时代的发展，人类文明的进步，在学习这件事上，也会有一些与之不同的方法，如"以写促读"法，是否"以写促读"法就是违反了听、说、读、写的学习规律呢？不是的，"以写促读"是一种方式，通过布置写的任务去促进学生的学，从逆向去思考，去设计教学。

（二）中国当代教育教学思想

陶行知先生的"捧着一颗心来，不带半根草去"的教育信念，是每位一线教师的榜样。陶行知先生是我国伟大的教育家和革命思想家。陶行知的一个关于"喂鸡"的感人故事，很多教师也听过，故事是这样的：

有一次，陶行知老先生在武汉大学做演讲，他突然转身走上讲台，淡定地从一个小箱子里拿出了一只大公鸡。这时台下所有听众都愣住了，大家丈二和尚，摸不着头脑。只见陶行知先生又从一个黑色箱子里掏出一把大米，把它和鸡一起放在了桌上，然后用一只手紧紧按住公鸡头，强迫它一口吃掉这些大米。折腾了好一会儿，大公鸡就是不吃。大家说：难道这一只公鸡，不喜欢吃大米？他又一次试着用手掰开大公鸡的嘴，硬把大米塞进了公鸡的嘴里。结果大公鸡拼命挣扎，叫个不停，陶行知先生只好作罢，把大公鸡的头放在桌子上，自己又向后退了几步，奇迹出现了，大公鸡自己就开始用力啄起米来。这时陶先生才正式开始了他的演讲，他说：好的教育就像人喂鸡一样。教师不能强迫一个学生去认真学习，把知识硬灌给他，他肯定不会心甘情愿地去学的。即使他学了也不过是食而不化，用不了多久，他还是会把他的知识全部还给这个教师的。但是如果你能让他自由地学习，充分发挥培养出他学习的主观能动性和潜力，那样效果一定好得多。

陶行知先生的故事有很多，读着陶行知的故事，我的脑海中会出现一幅幅先生在田埂、在课堂上教育孩子们的画面。陶先生提出的教学思想简朴易懂、接近生活，从陶行知的身上，我们看到的是一个朴实的教育家的身影，他的教育教学思想，来源于平凡的教学一线工作。其实，很多教师辛勤地在教学一线耕耘，他们在教育学生、课堂教学等方面也有很多自己的真知灼见。我们要多点思考，思考教学，改良教学，敢于提出自己的教学主张、教学观点、教学思想，不是为了成名，不是要成为教育家，而是像陶行知先生一样，实实在在地把这些教学主张、教学思想用在一线教学中，去改变教育现状，帮助身边更多的教师寻找有效教学的秘诀，帮助更多学生学好语文。这才是我们提出自己的教学主张、教学思想，做有思想的教师的真正目的。让我们用思想去引领更多的学生发现美好的自己。

（三）西方教学思想的发展

西方国家从古希腊、古罗马历经中世纪的文艺复兴到近代，对教学方法论的研究逐渐系统化，西方古代教学方法论的研究，涌现出大批教育家、思想家，如柏拉图、苏格拉底、亚里士多德、夸美纽斯、卢梭、杜威等，他们的许多教育思想和教育方法一直流传至今，为教学方法论的研究奠定了坚实的基础。

1. 古代西方的教学方法

柏拉图、苏格拉底、亚里士多德、昆体良都是古代西方杰出的教育家。在教学过程中主要采用辩证法来促进学生的全面发展，通过对音乐的学习来提高道德品质的有柏拉图和亚里士多德，他们的教育内容主要包括文法、修辞、辩论、音乐、逻辑等。创造了通过师生共同谈话、共同探讨问题而获取知识的问答式的教学法，即"产婆术"的是苏格拉底，他在解决学生问题时通常是采用讥讽、引导、归纳、下定义四个步骤。这种方法能够充分调动学生的主动性和积极性，启发学生进行自主思维，对后世的教育影响很大。在教学的组织上，提倡集体教学，在教学方法上主张让学生在游戏中学习，并且要求学生在学习过程中循序渐进的是昆体良，他是教育史上的一位实践者。

2. 文艺复兴时期的教学方法

"人文主义"运动是文艺复兴时期一面主要旗帜，它反对封建神学的蒙昧主义和封建宗教对人的禁锢，强调以人为本的教学，解放人的个性，发挥人的能力。这一时期的教育家有拉伯雷、伊拉斯谟、莫尔等。在教学方法上，发挥学生的主动性是他们的主张，他们都采用启发式教学，强调对知识的理解，还提出参观、访问和旅行之类的教学方法。遗憾的是这些先进的教学方法只在少数有杰出教育家的学校中得以实施。尽管如此，也开了先河，对后世产生了重要的影响。

3. 夸美纽斯的教学方法

在批判旧教育的基础上，夸美纽斯提出了一整套比较系统的教学理论，他出版的《大教学论》，更是教育学诞生的标志，他在教育史上创立的班级授课制和学年制，是一个伟大创举，至今仍被广泛应用。教育适应自然的原则也是他提出的，这一理论强调必须运用自然法则培养人，开展教育要依据人的自然本性。夸美纽斯非常看重直观教学法，强调感官刺激的重要性。教学的系统性和循序渐进的原则也是他提出的，这些理论强调，在学校学生应该进行全面系统的学习。可是，美中不足的是这些理论有着浓重的宗教色彩。

4. 近代西方教学方法

随着科学的发展，人类对自身有了较为全面的认识，人的心理的研究开始引起了科学家们的注意，并将心理研究的结论应用在实践中。教育心理学的先驱者瑞士教育家裴斯泰洛齐主张按照自然法则，让学生有机地发展，他认为教育是一门园丁艺术。在裴斯泰洛齐之后，赫尔巴特将教学过程程式化，即"明了""联想""系统""方法"，进一步在心理学的基础上建立了他自己的教学方法论。

随着时代的发展，信息技术的日新月异，国内外教学方法多种多样。在教学方法的实践中，有美国阿卡西娅·M.沃伦博士提出的跨学科项目式教学——多元学科文化的融合式教学模式。沃伦博士把她的教学方法描述为通向21世纪技能的桥梁，引入"+1"教学法，把它作为一个跨学科的框架来支持教育者实施跨学科项目式教学。面对西方众多传统教学方法，作为一位教师要学其精华，结合自己的每个学生，创造性找出适合自己学生的一种教学方法，既有本国特色，又能与国际接轨，实现教育教学的国际化。

二、教学方法的含义

教学方法是教师和学生为了实现共同的教学目的、完成共同的教学任务，在教学过程中运用的方式与手段的总称。它包括教师的教法、学生的学法、教与学的方法。教学方法是多变的，没有固定的形态。

从教学微观来看，教学方式还受到课程的教学目标和教学内容的影响。教学方法的综合设计与教学实践运用离不开所有教师与学生，因此教师的授课风格、学生的学习行为特征也是影响教学方法的重要因素。面对不同地区、不同阶段学情的每个学生，老师对课堂教学方法的各种选择也都存在差异，因此便产生了因地制宜、因人制宜的教学方法。

如何因地制宜、因人制宜地提炼学科教学方法呢？这就要考虑目标导向、内容相关、师生参与等特点。教学方法的改革创新不一定有可能一蹴而就。教师只有真正用十二分的爱岗敬业工作精神投身其中，才能不断进步并更靠近新的教学目标。对优秀教学案例的分析并不旨在塑造某一种完美的教学方法，而是希望通过对多个要素的分析，促进广大教师对教学实践的自我反思，进而不断调整、不断改进自己的教学方法。

三、教学方法创新的方式

（一）根据学情，因生制宜创新教学方法

教学首先考虑的因素是仔细考虑学生的正常学习能力情况，更多的教师认为，学情就是学生的正常认知能力的基础，我在多年的教学实践中感受到，学情不仅包括学生的正常认知能力基础，还包括学生的非正常智力因素，也包括学生的心理年龄特征、性格特征、学习态度、学习能力基础、学习生活习惯、学习领导能力、兴趣爱好、家庭环境、年龄增长特点等各种因素。

做学情心理分析，是学校贯彻"因材施教"教学原则的必然基本要求；是贯彻落实师生互动主体性的必由之路；是学校优化课堂教学过程设计的必要技术前提；是能在课堂上加强师生和谐互动的有效心理保障；是学校师生专业能力发展的一个阶段性的重要标志。

在教学中，一线教师就是教学方法的创造者，很多教师都积累了大量的经验，也有不少教师每天都在创新，我们缺少的是对经验进行定义的行为。有的教师不敢定义自己的教学方法，有的教师不知道如何定义自己的教学方法。经常说要培养新世纪创新型人才，首先教师也需要创新，不可以因循守旧，教一辈子的书，都在运用"讲授法""小组合作学习法""游戏法"，当然这些都是最基础的教学方法，教师要做的是对这些教学方法进行"变式"的创新与改造，从而衍生出新的教学方法。

例如，"讲授法"的主体是教师，受体是学生，而讲授法的优势在于短时间内可以完成大量的知识传授，讲授法其实更适用于中学以上的学生，小学生的注意力集中时间最多20分钟，甚至是更短的时间，所以课堂不适宜长时间运用讲授法。根据学生的这一个年龄特点，再依据"费曼学习法"学习理论，对"讲授法"进行变式创新。由教师讲改为学生讲，用以教代学的输出模式进行学习，让学生尝试用直白的语言去阐述新知识，学生会从原有的知识库里提取与新知识相关联的旧知识，再建立新旧知识之间的联系，使新旧知识之间产生强大的链接。经常进行这种输出训练，使大脑不断进行创造性的联想，从而使学生对新知识的吸收和应用能力得以加强。

"小组合作学习法"也是一个传统的教学方法，但实际在课堂中的操作只流于形式，好像只要四个人围坐在一起就是小组学习了，我们在许多公开课看到许多无效的"小组合作学习法"的课堂教学。其实，任何现象的产生都是有原因的，"小组合作学习法"只是一种形式上的小组合作学习，没有从本质上去变革学生的学习方式。针对这一现象，教师可以对"小组合作学习法"进行改良，改良为"项目式学习"方式。在课堂中以一个教学重点、教学难点为项目问题，引导学生围绕这个项目问题进行多向的探究，让学生寻找解决问题的方案，这样学生在项目学习过程中，由知识的接受者转变为知识的探寻者，教师由知识的传授者变为项目式学习活动的组织者和过程的点拨者、引导者。项目式学习是真正的学习变革。学习任何一项技能，最佳的方式就是在实践中学习。如学习习作，就必须让学生亲自去写，如果仅学习写作方法，而不去练写，是不可能学会写作的。所以在课堂教学中，教师要大胆创新，坚持立德树人，改变陈旧的育人方式，培养新时代的创新型人才。

教师在对教学方法进行创新后，要不断在实践中进行验证、修正、反思、提炼出事例经验，再形成类经验，构建自己的教育实践智慧。在创新了教学方法后，可以给自己的教学方法取一个名字。教学方法的名字宜短不宜长，名字太短对教学方法指向不清，名字太长又让人难以记住。在取好教学方法的名字后，再对创新的方法进行理论架构，赋予它理论内涵。理论架构一般包括该教学方法的内涵，如：概念、定义、教学方法形成的理论基础、教学方法的具体实施方法；教学方法实施的效果、数据、案例；教学方法存在的问题、有待改进的地方等。

那么，教师如何根据学情创新教学方法呢？首先要结合小学语文课程内容，如根据低年级学生的年龄特点可以创设儿歌识字法、图画识字法等；根据中年级的语文学科知识点可创设快乐作文法、"梯度式"随文练笔法等；根据高年级学生的认知基础和年龄特点，可创新跨学科的项目学习法等。一切教学方法的改革与创新都应以激发学生的实际学习兴趣为根本出发点，以促进学生的自身发展为最终落脚点，不只为创新而创新。

（二）借助外力，因地制宜创新教学方法

如何理解借助外力，因地制宜创新教学方法？在这个瞬息万变的时代，仅凭一己之力，闭门造车，要搞好教学是不可能的，必须借助外力，因地制宜地创新教学方法。在教学当中有哪些外力？教学活动的外力构成要素包括教育受教者（学生）、因材施教者（教师）、明确教学活动目的、理解教学内容、运用教学方法、创造教学活动环境、使用教学设备。教师可凭借一项外力因素或综合几项外力因素创新教学方法，如小组学习法、信息技术与语文学习的融合法等。

（三）与时俱进，因时制宜创新教学方法

随着经济社会的飞速发展，教育的深入改革，对广大教师提出了更新更高的职业要求，教学方法由传统封闭型向开放型转变，由以输入教学为主向以输出教学为主的方式转变。在教育教学改革中，广大教师需要认真学习，坚持科学研究，才能及时更新自己的教育知识形态结构，转变教育教学观念，提高自己的教育专业知识素养和教育专业技能，才能克服教学经验的局限性和片面性，才能始终紧跟时代的步伐，并在此基础上，用新的教学思想改进自己的教学方法。如结合美国阿卡西娅·M.沃伦博士提出的跨学科项目式教学，在语文教学中，探索出新的教学方法：如语文阅读教学与艺术元素整合教学法，语文阅读教学与德育元素整合教学法，语文习作教学与信息技术整合教学法等。

总之，作为新时代的教师不仅要与时俱进，还要不断丰富自己的课堂教学方法，对待传统教学方法，教师应始终以一种积极的心态来继承与运用，并在此基础上加以发展。

第二节 "梯度式"随文练笔方法的解读

自我经验，是教师个体所特有的。教师在长期教学实践中，积累了大量的关于"教学"的知识和技能，即教学经验。教师要有意识地在教学实践中捕捉日常积累的教学经验，因为这些经验会萌发为教学思想的一颗"绿芽"。我的教学思想的萌芽应源于一个课题研究。2012年，我有幸参加了广东省骨干教师培训，在成为广东省名师工作室的入室学员后，结合日常的教学困惑，我进行了题为"在小学三年级习作教学中试行'梯度式'随文练笔的行动研究"的省级子课题的研究。

一、"梯度式"随文练笔教学方法产生的理论背景

《义务教育语文课程标准（2011年版）》指出："写作教学应贴近学生实际，让学生易于动笔，乐于表达，应引导学生关注现实，热爱生活，积极向上，表达真情实感。"然而，现实却事与愿违，师生都谈"写"色变。要想让语文教学和谐发展，相得益彰，就必须处理好阅读与习作两者间的关系，方能让学生阅读与习作这两条腿互相协调，齐头并进。

二、"梯度式"随文练笔教学方法实施的现实意义

我有丰富的一线教学经验，在14年的小学语文教学实践中，我感受到小学生尤其是三年级学生习作的艰辛。三年级学生，特别是农村地区三年级的学生，因为自身的学习条件有限，他们的语文基础知识相对薄弱，课外阅读量较少。别说让他们习作，即使让他们写一句话，也是件困难的事。综观语文课堂

教学的随文练笔，主要存在以下误区：逢读遍写，顾此失彼；年段不分，揠苗助长；遍地开花，泛滥成灾；缺乏支点，游离文本；流于形式，缺乏指导；等等。练笔缺乏对文本的感悟，缺乏情感的铺垫，过于机械，学生参与积极性不高，语言空洞苍白，甚至游离于文本之外，读写成了两张皮。长此以往，不仅不利于学生读写能力的提升，而且还容易使学生形成敷衍了事的不良习惯。根据这一现状，我在学期开始便以单元习作内容为出发点，进行教材的二次开发，挖掘每篇课文中有价值的适合对学生进行的读写结合训练点。在阅读教学的进程中，再辅以"梯度式"的随文练笔，经过一个学年的实验证明："梯度式"练笔如同为学生的阅读与习作架起了一把梯子，把语言文字运用和课文内容的理解巧妙地结合起来，减小了习作的难度，达到让学生轻松习作、快乐习作的目的。

第三节 "梯度式"随文练笔的实践应用

"梯度式"随文练笔并不随意，必须张弛有度，因每篇课文的内容不同、题材不同，不同体裁的教材特点，不同学生的知识水平，需要采取不同的方式。在研究教材和学生的基础上，找准合适的语言文字训练点，制定合理的随文练笔形式，凸显其"梯度式"，组织学生进行读写练习，就能实现读和写的"双赢"。那么"梯度式"随文练笔如何走进阅读教学？经过教学实践探索总结出，可以通过以下的途径进行操作。

一、读写结合，尝试运用——仿写

现行义务教育课程标准实验教科书中的课文大多文质兼美，在阅读教学中，让学生把最精彩的句子或段落积累起来，反复诵读，在品味好词佳句的基础上，要求学生开展小练笔，仿写"佳句"，从中体会作者谋篇布局、遣词造句的匠心所在，悟出表达方法的真谛，这将促进学生语言表达能力的提高，使学生终身受益。例如，人教版小学语文三年级上册《大海之歌》一文中有很多使用修辞手法的句子。如在阅读教学的过程中，学到比喻句"无边的海像一面大玉镜"时，可让学生进行仿写练习：无边的海，像_____。学生掌握上面的句式后，再提高难度，出示句式：_____像_____。在上述两个句式训练的基础上，再引导学生思考可以把句子中的比喻词"像"替换成其他什么比喻词。学生各抒己见，纷纷说出了"似乎、好像、成了、仿佛"等比喻词。这样的教学过程，把读与写融合在一起，让学生在习作的起跑线上崭露头角。

二、拓展情节，填补空白——扩写

看课文插图开展"小练笔"。现行语文教材都配有生动形象的课文插图。因此教师必须善于利用这些具有形象性、直观性、趣味性的教学资源。在教学中，教师若能引导学生巧看课文插图开展形式多样的"小练笔"，更有利于培养学生的观察力、丰富学生的想象力。人教版语文三年级下册《一颗小豌豆》文中配有美丽的小女孩在窗前和小豌豆对话的插图。教师可以要求学生图文结合，给这幅美丽图画加上题目，学生们纷纷举手，有的说"望窗户的小女孩"，有的说"窗外"，有的说"希望"……多美的题目啊！这些题目像一颗颗灿烂夺目的星星，装点着学生的世界，装点学生的童年。"梯度式"的随文练笔，让学生一天一天地积累着成功的体验，虽然是点点滴滴，却会让学生在习作的道路上越走越远……

三、用课文特殊标点开展"小练笔"

小学语文教材向学生提供了开放、主动思维的空间，给学生的想象留有充分的余地。教师可以巧用文中的某些特殊标点符号让学生开展"小练笔"。人教版小学语文三年级上册《吹泡泡》课文第5自然段："或者轻悠悠地飘过大海，飞过山巅……"在阅读教学的过程中，我抓住这个句子中的省略号，引导学生想象：泡泡除了飘过大海、山巅，还会飘去哪里？学生的答案可谓五花八门，有的说飘过"树林"，飘过"楼房"，飘过"马路"……可见学生在此又形成了思维定式。因此，我及时点拨引导："同学们觉得除了用'飘过'这个词语，还可以换成什么词语呢？"学生转动着大眼睛，窃窃私语着。有的说：穿过树林，飞过高山，爬上楼房……可见，有了这种"梯度式"的随文练笔，让阅读与写作有机融合在一起，让阅读与写作齐头并进，让学生尝到了"练写"的甜头，体验到成功的乐趣。此时，想让他们爱上语文、爱上习作，怎么还会是一件苦差事呢？

四、抓文本关键词开展"小练笔"

学生在阅读文本时，教师若能引导学生巧抓关键词语开展"小练笔"，让学生展开想象，将会触发学生创新思维的火花。在人教版小学语文三年级上册《锡林郭勒大草原》一课的教学中，紧抓文中的一组关联词"不仅……还……"，让学生进行"梯度式"随文练笔。如教学课文第2自然段时，根据文段内容出示句子：草原不仅有（湖水），还有（野花）。并在此基础上提高难度，要求学生再练写：草原上不仅有（　　　）的湖水，还有（　　　）的野花。学生的想象力非常丰富，并用上许多优美的词语。但我并不满足于此，要求学生向生活延伸："你们还能用'不仅……还……'这组关联词语吗？"有的学生说："我们的校园不仅有高大的树木，还有五颜六色的小花。"有的学生说："超市不仅有琳琅满目的商品，还有香甜可口的糖果。"还有的学生说……这样的课堂，让我看到了学生的神采飞扬，听到学生言辞臻美的语言，感受到了学生对语言文字的热爱与追求，这也正是一位语文教师所神往的。

五、读文本"佳句"后开展"小练笔"

小学课文有许多"佳句"，教师若能让学生反复朗读，启发学生奇思妙想开展"小练笔"，有助于培养学生的发散思维。例如：古诗《江雪》一课的教学，教师往往停留在对诗句含义的理解上，而忽略诗歌意境的涵泳。那如何进行诗歌意境的涵泳呢？我的做法是要求学生用语言文字重现诗境，先让学生与同桌、小组同学交流，在充分练说的基础上，再让学生把诗歌编写成一个小故事："连绵不断的青山，却不见一只鸟儿；无数的小路啊，却看不见人的踪迹。我走着走着，却看见江面都结上了白雪，一条小船显得特别孤单……"学生把自己对诗的理解与对诗的感情融合在一起，既理解了诗意，又当了一回现代的"小作家"。长此以往，学生对习作的乐趣，又怎会不溢于言表呢？

六、做课文"思考·练习"开展"小练笔"

教师可以根据小学语文教材一部分课文后的"思考·练习"，设计小练笔。引导学生做好"小练笔",不仅有利于他们深入理解文本,还可提高学生的习作能力。《庐山的云雾》课后有一道练习题,题目是:"你发现第二、三自然段各是围绕哪句话来写?想象一下庐山的云雾的样子与变化。"假如直接把题目交给学生,然后让学生练说、练写,学生有可能会"天马行空""言之无序"。怎样摆脱这种"困境"?此时,我出示了一个句式:"庐山的云雾像一个魔术师,一会儿_____,一会儿_____,一会儿_____。"学生纷纷拿起笔,把自己想象到的句子写下来。可见,这个句式犹如一把"梯子",帮助学生整理思路,从而做到"言之有序"。但是,假如随文练笔就此止步,教师提供的句式就会禁锢学生的思维,于是在上个句式练习的基础上,再提供另一个句式:"_____;时而_____;时而_____;时而_____。"有了上个句式训练的基础,这个句式练习便可轻松应对了。这样的练习凸显了"梯度式",既让学生巩固了文本内容,又进行了拓展延伸,真可谓是一举两得。

此外,可以结合课文内容和单元教学要求,立足原作,删繁就简进行缩写;或者以课文内容为基础,转换体裁,让学生用自己的语言进行再创造的"小练笔",即改写;还有些文章所写的事情虽然完结了,但事态还可以继续或有新的发展,教师便可把握此契机,让学生以原文的终点为续写的起点,展开联想,构思新情节,即续写。总之,无论怎样进行随文练笔,最为关键的就是教师能够"运用之妙,存乎一心",能因"材"施教,因"才"施教,通过"梯度式"随文练笔训练,依托教材,一步一个脚印,在不断实践、积累和创新的过程中,提高学生赏析语言的能力,养成锤炼语言的习惯,轻松习作,快乐习作。

高校教师与一线教师的区别在于,高校教师更专注理论研究,是由上而下的思维方式;而一线教师则专注于实践探索,是自下而上的思维方式。研究型的语文教师则既要专注于实践探索,又要学会由下而上及由上而下的思维方式。研究型的语文教师与普通语文教师的区别在于:普通语文教师只会日复一日地进行教学,却没有对教学内容与方式进行反思与总结,没有对所积累的类经验进行提炼；而研究型教师则具备敏锐的专业嗅觉，他们会在积累了一定的实践经验后，对这些经验进行提炼和升华，形成类经验"个人经验"体系乃至"实践智慧"。所以，当您想成为一位研究型的语文教师时，请调动您敏锐的专业嗅觉能力，学会反思、提炼、总结。

在进行了一年的教学实践探索后，我开始对教学实践中得出的成果进行理论提炼，首先我从大处着手，聚焦随文练笔的内涵及发展，查阅相关文献，了解到叶圣陶先生的理论，他认为，语文素养的根在于听说读写，是对听说读写内涵的挖掘与创新，而不是游离于听说读写之外的花样翻新。他同时指出："从学生的语言发展的诸多矛盾看，读写能力的发展是小学生学习语文的主要矛盾方面，而促使读写能力发展的最重要的因素，一是读写结合，二是大量读写。"教育家丁有宽先生说过："读写结合，相得益彰；读写分离，两败俱伤。"可见随文练笔是把阅读教学与写作教学有机结合起来的最好方式。这些都是教育家们关于随文练笔的观点和理论，我想必须在前人的理论上大胆创新，于是我从一个个具体教学案例中提取事例经验，然后对这些事例经验进行分类整理，对同一类经验进行反思、提炼，并把类经验提炼成为"个人的经验"体系，激发"实践智慧"，于是小小的"教学思想"——"梯度式"随文练笔便萌芽了。

"梯度"是"梯度式"随文练笔区别于其他随文练笔的创新之处，"梯度式"随文练笔不仅是因"材（教材）"施教，更是因"才（人才）"施教。练笔的设计要和本单元、本课的训练目的一致，不同年段，不同课时，训练的重点应有所不同，教师有针对性地挖掘本单元的读写结合点，展开"随文练笔"，使阅读教学与习作教学有机结合起来，化解习作的难度，使不同水平的学生都能发挥自己的优势，实现让学生轻松习作的目的。

这是我第一次对自己在实践中积累的"实践智慧"——"梯度式"随文练笔赋予理论内涵，略显青涩。但这并不影响它的价值，我觉得老师要有敢于给自己的"经验"立说的勇气。

第四节 "梯度式"随文练笔实践案例

品言中之意　悟言中之理　感言中之情
——《爬山》（第二课时）教学设计

"梯度式"随文练笔实践案例：《爬山》（第二课时）教学设计是我在2012年依据"梯度式"随文练笔方法进行教学实践的案例，此教学案例获2012年全国精品课奖。

【设计理念】

理念决定呈现，呈现决定结果。新课标追求的是一种本真、高效的课堂。《爬山》一课是小学语文S版教材四年级下册第六单元的一篇精读课文，讲的是一对父子在爬山过程中，父亲教育儿子要克服畏难情绪，努力征服自己，尽力做好每一件事，还启发儿子怎样欣赏大自然的景物。从文本的解读、教学的设计、课堂的展示中，努力贯彻"以学生为主体"的教学理念，紧扣文本，关注学情，让学生在自主学习中，品言中之意，悟言中之理，感言中之情。

【教学目标】

1. 学生能正确、流利、有感情地朗读课文。

2. 学习抓住关键词，联系上下文，体会父亲的话包含的深刻含义。

3. 通过父亲语言之简，体会父爱之深。

【教学重点】

理解含义深刻的句子，体会父亲的话包含的哲理。

【教学难点】

通过一系列读写练习，带领学生走进文本，解读文本，感悟文本，创编文本。

【教学准备】

多媒体课件，写话卡。

【教学流程与设计意图】

（一）师生谈话，回味父爱

师：在很多年前，一对父子在一次爬山的途中，父亲是怎样鼓励儿子的？让我们继续学习第21课《爬山》。

设计意图：开门见山，直奔课题，简洁明了地引出新课的学习，为学生深悟文本做了有效铺垫。

（二）初读品味，走近父爱

（1）出示生字词，复习检查旧知。

（2）自由朗读课文，思考：这是一位怎样的父亲？

（3）学生汇报交流，教师评价鼓励。

师小结：是的，父亲的话充满了智慧，让我们再次走进大山，走近父亲，把父亲的话好好地品味一番。请同学们快速浏览课文，把父亲说的值得深思的话用直线画出来。

设计意图：简约的课堂才是高效的课堂。引导学生拨开文本中的细枝末节，寻找父亲所说的三处富有哲理的话，并以此为切入点进行感悟、品读，让学生体会父亲的智慧。

（三）品读课文，体会父爱

1. 品读父亲说的第一处值得深思的话

（1）师质疑：当"我们"沿着又弯又窄的山路行走时，父亲对"我"说了什么话？

（2）指名回答：在这两句话中，你觉得哪句话更富有哲理？

（3）指导学生根据教师的朗读，寻找句子中的关键词。

（4）相机理解"似懂非懂"，并顺势引导学生进行小组讨论交流："在你的心里什么是'征服自己'？回忆在生活中，你做过什么征服自己的事。"

（5）分组讨论，汇报交流（板书：征服自己）。

（6）展示图片（残疾运动员的图片）。

师小结：听了同学们的体会，我也想说说：其实我们最大的敌人是自己，在这个世界上，还有许多人，并没有因为身体的残缺而放弃努力，他们不断地征服自己，创造了骄人的奇迹。

（7）诵读涵泳，体会父爱。

师小结：这是一位多么有智慧的父亲，怪不得作者在文章的最后说："从青山那里，我学到了沉静；从父亲身上，我学到了智慧。"（引导学生齐读）

设计意图：让学生体会父亲话语的含义是本课的教学难点。这个环节，主要通过点拨朗读，寻找关键词；小组讨论、集思广益等言语实践活动，充分调动学生的主体性，让学生积极参与到听、说、读、写当中，创建以学生为主体的高效课堂，还语文课堂的真本色。

2. 品读父亲说的第二处值得深思的话

（1）师质疑：当"我们"爬上山顶时，父亲又和"我"说了什么？

（2）指名读，课件展示相关句子。

① 引导学生联系上下文思考：为什么说"爬上山顶固然令人高兴，但是爬山的过程更让人愉快"？

② 指名读。

③ 朗读感悟：当你看到碧绿的树海时，你的心情怎样？（高兴）请把你的这种高兴之情送到句子里去读读。

④顺势引导，让学生练说。

课件展示1：

> 不久，我们已经站到山顶上了。只见山下一片碧绿的树海中，几座房子若隐若现。

师质疑：爬到山顶固然令人高兴，但是爬山的过程更让人愉快，请同学们联系上下文，了解一下爬山的过程又是怎样的。

课件展示2：

> 阳光越来越烈，汗水越来越多，而我们父子俩也是越爬越高。……
>
> 父亲喝了一口水，慢条斯理地说："……其实能不能爬到山顶并不重要，重要的是你是否尽力了。"

师小结：父亲还告诉"我"，其实爬不爬上山顶并不重要，重要的是你是否尽了力。所以，我们做任何事情都要尽力而为。（板书：尽力而为）

师引读：父亲就是这样一位有智慧的人，怪不得作者在文章最后说："从青山那里，我学到了沉静；从父亲身上，我学会了智慧。"（引导学生齐读）

设计意图：要打造高效课堂，教师还必须站在"课程开发者"的角度上，解读文本，挖掘文本中有价值的语言拓展点，设计言语实践活动。这样既对学生进行了语言文字训练，又培养了学生的想象能力与创造能力。

3. 品读父亲说的第三处值得深思的话

（1）指名读，课件展示相关句子。

（2）思考：读了这句话，你又学会了什么？（板书：学会欣赏）

（3）师质疑：我们应该怎样去欣赏美景？我们用上父亲教给我们的方法，一起去欣赏大自然的美景。

（4）展示图片（大自然美景图），练习说话。

课件展示：

我看到了：＿＿＿＿＿＿＿＿＿＿＿＿＿＿＿＿＿。
我听到了：＿＿＿＿＿＿＿＿＿＿＿＿＿＿＿＿＿。
我感受到了：＿＿＿＿＿＿＿＿＿＿＿＿＿＿＿。
我想到了：＿＿＿＿＿＿＿＿＿＿＿＿＿＿＿＿。

（5）师生合作诵读。

不仅是美景，我们所做的一切事情，不只是……还要……更要……最后……

师小结：是的，不仅仅是欣赏大自然的美景，做一切事情都需要我们全身心地投入。读书也不例外，现在请同学们把目光聚焦到课文第10自然段。

设计意图：语文教学不能仅仅停留在理解感悟的表层，更要侧重于表达揣摩与积累应用的境界。本环节，通过展示一组有声有色的美景图，学生仿佛徜徉于清脆的鸟叫蝉鸣、色彩斑斓的自然风光当中，学生的感受、体验自然而然地如同一股股清泉奔流而出。整个语文课堂也如同在清泉中洗净铅华，回归本真。这才是真正的高效课堂。

（四）创读课文，感受父爱

1. 默读课文，想象画面

（1）用心默读课文的第10自然段，并根据语言文字想象画面。

（2）同桌间分享想象的画面。

（3）展示画面，全班交流分享。

2. 创读文本，叩动心弦

过渡：只要我们用心体会，第10自然段不仅仅是一幅美丽的画面，还可以组合成一首优美的"诗"。

（1）师生合作，配乐朗诵。

（2）多美的一幅画、一首诗！题目是诗歌美丽的"眼睛"，让学生试给"诗"加上个题目（父爱如山）。

设计意图：大胆地对父亲第三处富有哲理的话，进行顺势处理，智慧点拨，活学活用，帮助学生实现从"学会欣赏"到"凡事思考"的思维跳跃。除了要求学生想象画面，还对文本进行创造性处理，创编成一首小诗，深情地朗读，更能叩动学生的心弦，唤醒学生对自己父亲的感恩之情，为接下来的"小练笔"做了很好的铺垫。

（五）真情表达，感恩父爱

（1）学生写话训练：真情表白，感恩父爱。

课件展示：

亲爱的父亲：

　　感谢您的良苦用心，＿＿＿＿＿＿＿＿＿＿＿＿＿＿＿＿＿＿，

＿＿＿＿＿＿＿＿＿＿＿＿＿＿＿＿＿＿＿＿＿＿＿＿＿＿。

（2）汇报交流，分享父爱。

（3）总结全文，延伸父爱。

师总结语：同学们，时间过得真快，不知不觉到了课的尾声。我们不能把时间的脚步留住。可是，我们可以把父亲的话深深地留在心中，延伸到生活、学习中，做一个征服自己、尽力而为、学会欣赏的人。

设计意图：伴随着动人的旋律，文中父亲的良苦用心唤醒了学生对自己父亲的感恩之情。一行行发自内心的对父亲的独白，在每个孩子的心田里自然而然地流露出来。老师的总结更为孩子们指明了方向。课已止，情未尽，学生的收获又何止课堂短短的40分钟。

（六）板书设计

21. 爬山

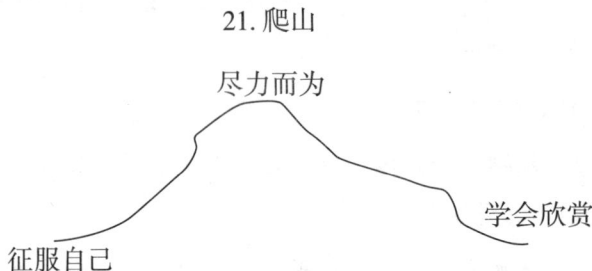

【教学反思】

我觉得这是一节师生"教学相长"的课，在课上成长的不仅仅是学生，还有教师。真实、灵动、富有生命力是小学语文精品课的丰富内涵。考虑到自己班的学生都熟悉自己老师的教学"套路"，很多地方会形成"思维定式"，于是我大胆尝试，决定"借班教学"，挑战自己，尽显精品课的真实本色。同时这还是一节让我感到无比欣慰的课，因为我看到了课堂上每一位学生犹如朵朵略带羞涩的小花，在一次次成功的体验中勇敢地绽放了。综观整个教学流程，本节课主要凸显了以下几个特色。

（一）润物无声，品出语文味

在《爬山》一课的教学中，理解父亲富有哲理的话是难点。因此，主要通过老师的朗读点拨，寻找关键词；学生小组讨论，集思广益；教师小结，展示图片等一系列言语实践活动，实现人文性与工具性的巧妙融合，文中父亲的爱如同春雨滋润着孩子们的心田。

（二）自然无痕，习出语文味

虽说《爬山》一课主要是体会父亲话中的哲理，但假如过分强调人文性，就会失去语文课的本色。因此，我努力挖掘文本中的语文因素与语言现象，创造性地运用文本提供的言语材料，把课文里的语言内化为学生自己的语言，完成新的表达。学生沿着想象说话、真情表白等台阶，潜移默化地习得语言，还原语文课的真本色。

（三）叩动心弦，读出语文味

纵观整个教学流程，学生通过自由朗读、指名读、感悟读、教师引读、师生合作读等多种形式，进入文本，渐入佳境。学生深情的朗读，不仅叩动学生的心扉，更让他们成为课堂上一道亮丽的风景线。

《月亮和云彩》教学设计

"梯度式"随文练笔实践案例之二：此教学案例是我在2013年依据"梯度式"随文练笔进行实践的案例。

【教学目标】

1. 认识"亮、彩"等生字，会写"文、相、亮"三个字，学习新部首"禾"旁。

2. 通过添加提示语的方式，正确、流利、有感情地朗读课文，利用文本，拓展练习。

3. 理解课文内容，培养学生仔细观察、认真思考的习惯。

【教学重点】

通过添加提示语的方式，正确、流利、有感情地朗读课文，利用文本，拓展练习。

【教学难点】

理解课文内容，从课文中李小文的做法中受启发：不管什么事，都要动脑筋、仔细观察。

【教学准备】

教学课件。

【教学过程】

（一）创设情境，揭题激趣

（1）课件展示月亮、云彩的图片，师问：你看见了什么？（月亮、云彩）

（2）板书：月亮，云彩。相机指导书写：亮、彩。

（3）这里可以说"月亮的云彩"吗？（不可以）应该说"月亮和彩云"，指导书写"和"，认识"禾"旁。

过渡：在蓝蓝的夜空中，月亮和云彩正进行一场赛跑，你们猜一猜谁跑得更快？

（二）初读课文，整体感知

（1）自读课文，要求读准字音，读通句子。

（2）游戏激趣，检查反馈。让学生做摘星星游戏，根据学生朗读情况，随机纠正读音。

（三）走进文本，研读拓展

1. 读好孩子话，感受童真

（1）设疑导入：一天晚上，几个小朋友在院子里玩，他们看见了什么？

（2）课件展示，指名回答。

（3）指名回答，展示句子：

他们看见月亮在云彩里穿行，一会儿暗，一会儿明。

（4）展示图画，拓展说话：

我们看见月亮在云彩里穿行，一会儿_____，一会儿_____。

小朋友们看见小鸟在树林里穿行，一会儿_____，一会儿_____。

（5）分角色朗读丁大勇和李小文的话。

2. 巧加提示语，感受童心

（1）游戏激趣，感情朗读。

① 出示水果乐园：把你最喜欢的水果上的词语填在句子里，并有感情地朗读。

水果乐园：

安静　　　高兴　　　大声

丁大勇说："月亮在云彩里跑得真快！"

丁大勇（　　）地说："月亮在云彩里跑得真快！"

② 出示蔬菜乐园：把你最喜欢的蔬菜上的词语填在句子里，并有感情

地朗读。

蔬菜乐园：

慢慢　　　　连忙

李小文说："跑得快的是云彩，不是月亮。"

李小文（　　）地说："跑得快的是云彩，不是月亮。"

（2）展示句子，感情朗读。

（3）走进文本，想象童心。

假如你就是这个小女孩，你想说什么？

我认为，正确的是_____，不是_____。

3. 小组合作，探究文本

（1）课件展示，语言训练。

①大家相信李小文的话吗？你相信吗？

②大家不相信李小文的话，指导书写"相信"。

（2）小组合作，探究文本。

①小组合作读第三段，思考：李小文想出一个什么办法？

②指名回答，展示句子：

他叫大家站在一棵大树下，从树杈里看月亮。

③播放课件，启发思考：李小文的话对吗？月亮和云彩比赛，到底谁跑得快一些？

④课件展示，指导写字。

大家说："李小文说得对。云彩确实比月亮跑得快。"哪个词语说明云彩比月亮跑得快？点出"确实"。

4. 再加提示词，升华感情

（1）大家（　　）地说："李小文说得对。云彩确实比月亮跑得快。"

（2）假如，你也在这群小孩子当中，你想怎样夸夸李小文？

李小文，你_____。

（四）游戏激趣，诗歌小结

（1）送小星星回家：蓝蓝　圆圆　调皮　聪明　仔细　认真　快乐

（2）朗读诗歌，总结全文。

月亮和云彩

（　　）的月亮

（　　）的夜空，

（　　）的云儿，

（　　）地赛跑。

（　　）的小文，

（　　）地观察，

（　　）地思考，

学习少不了。

【教学反思】

《月亮和云彩》这一课主要讲的是：一天晚上，几个小朋友在院子里玩，看见月亮在云彩里穿行，然后就在一起争论，是月亮跑得快，还是云彩跑得快。李小文采用让大家站在一棵大树下，从树权里看月亮的办法，证明了跑得快的是云彩不是月亮。

本课的教学分四个环节：首先是创设情境，揭题激趣。在这堂课上我利用多媒体课件，通过出示图片的形式，让学生认识月亮和云彩，并相机对生字"和"进行教学，激发了学生的学习兴趣，以一个问题"蓝蓝的夜空中，月亮和云彩正在进行一场赛跑，你们猜一猜谁跑得更快？"引入下文的教学。其次是初读课文，整体感知。再次是走进文本，研读拓展。巧加提示语，感受童心，游戏激趣，有感情朗读，通过出示水果乐园，以添加提示语，练习感情朗读。最后一个环节，就是游戏激趣，诗歌小结。运用学生朗朗上口、简单易记的诗歌进行课文的总结。

当然了，这节课也有不足之处：在指导朗读上还不够到位，运用添加提示语的方法，在学生读得不到位的时候我没有及时引导，今后在上课时遇到类似的情况，一定要及时指导学生进行规范朗读。

第四章

"效度式"教学思想的
形成与实践应用

人 因思想而伟大。
——帕斯卡

第一节　教学主张的内涵及形成路径

一、教学主张的内涵

教学主张指教师在学科教学过程中，对其所运用的教学方法、教学模式、教学理念产生的功效、价值等进行提炼，形成的具有自己个性化的见解。教学主张可以是一种教学方法，一种教学模式，还可以是一种课堂教学理念，教学主张的提出是一位教师走向专业化的标志，教学主张是专业影响力的核心所在。

二、教学主张的形成路径

1. 阅读和学习古今中外的先进教育教学理念

教师的专业发展是一个向纵深不断进深的过程。一位教师从学校毕业参加工作，由新手教师转变为合格教师需要3～5年的时间，成为合格教师后，受到各种因素如家庭、孩子的影响，就一直在合格的教师这个区间内徘徊。有的教师教的书只是在重复做工作，对自己所教的课程内容人云亦云，没有思考，对自己的课堂教学方法没有改进，始终运用讲授法，所以从一位合格的教师成长为一名优秀的教师或卓越的教师就比较难。我在近十年对工作室的探究与实践中体验到：名师工作室是引领教师成为优秀教师、卓越教师的孵化器。名师工作室区别于学校的学科教研组，在名师工作室学习里，能聆听专业教授的专业讲座，这些专业讲座能有效地点燃教师的专业智慧，引领教师走进专业成长的殿堂。因此，从专业的角度看，教学主张就是教师持续发展与自我超越的生长点。教师要先向书本学本，学习国内外先进的教育教学理念。阅读教育教学发展史，可以让教师了解产婆术——第一种倡导用问答法进行教学的方法，它的发明者是苏格拉底，他是启发式教学法的先导；在教育史上，按照儿童身心发展的顺序来确定教育年龄分期的亚里士多德；还有第一部以教育为专题的著作《大教学论》的作者夸美纽斯，他第一次论证了"班级授课制"；还有提出教育即生活和学校即社会观点的杜威；等等。回到瞬息万变的现在，作为教师更应紧跟时代步伐，与时俱进。当今世界教育的五大趋势：教育终身化、教育民主化、教育人本化、教育信息化、教育国际化。作为一位优秀教师应有敏锐的视角，加强学习最新的教育教学理念，结合自己所教课程、自己所面对的学生，大胆创新、设想，在阅读过程中，教师会产生很多想法、构思、设想，这些想法、构思、设想便是教师产生个性化教学主张的萌芽。

2. 开展课题研究，实验个性化教学主张

当教师产生一系列关于改进课堂教学的新想法时，不要漠视它，不要置之不理，而是要赶紧把这些"灵感"记录下来。有条件的教师还可以开展课题研究，其实课题研究的选题与论证过程就是教学主张的萌芽过程，课题研究能有效促进教师的专业成长，制订课题研究计划、查阅文献资料、实施研究过程可以让教师对教学主张的论证研究更规范、更严谨、更有智慧，同时更能坚持。因为一个人进行研究的时候，少了同伴的力量与支持，很容易受一些外力与内部因素的影响。开展课题研究的过程，同时也是一个辛勤浇灌的过程，可以使当初产生的个性化教学主张从萌芽状态到长叶、开花、结果，所结的果便是教师形成了个性化的教学主张。

3. 不断反思，验证个性化教学主张

"反思"这个词，对很多教师来说是"最熟悉的陌生人"，很多教师对反思的重要性认识不足。我国著名心理学家林崇德提出"优秀教师=教学过程+反思"的成长模式。为了能让反思更有成效，教师可以围绕提出的个性化教学主张进行。第一，对你提出的个性化教学主张从其有效性、可行性、实用性、可操作性等方面去反思。及时反思，有利于教师不断调整和修正自己的教学主张，让教师提出的教学主张更具实效性。第二，反思过程中，对课堂上产生的关于教学主张的想法、看法要及时地记录，形成文字，从教学实践中及时提炼教学主张。第三，反思过程中，把课堂上精彩的教学片段记录下来，形成课堂实录。可以采用教育叙事的方式，把课堂教学过程中有意义的教学过程用写记叙文的方式记录下来，并做简要说明，可作为提炼教学主张的基础。

4. 勤于总结，提炼个性化教学主张

想要形成个性化教学主张，除了要阅读学习、实践、反思，同时总结也尤为重要。科学的总结是形成个性化教学主张的重要环节，以科学的方法论为指导，通过总结，可以全面、系统地了解整个工作，正确地剖析教学主张的优点和缺点，这是教学主张由感性认识上升到理性认识的必经之路。通过总结，让那些零散的、肤浅的、表面的总结或方法，转变为全面的、系统的、直面教学本质的教学主张，然后，在教学中寻找、掌握、运用教学主张。具体怎样总结呢？可以从以下三个方面着手。其一，从课堂的实际效果进行客观的总结。从一系列的数据，如学生的调查问卷、学生的学习成果、学生的课堂反馈数据进行总结分析，认清在教学主张实践过程中，哪些做法是正确的，哪些做法是不正确的，哪些做法是有待商榷的，不可以为了提出主张而生搬硬套，违背学生的发展规律。其二，要对教学主张实践过程中的重点问题进行总结，课堂教学是中心环节，总结时要以课堂教学环节为中心，这样可避免主次不分的错误产生。其三，要在充分的材料证据的基础上进行总结，在平时实践教学主张的过程中搜集一手数据和资料，这会让你的总结更客观，只有经过思考、加工、整理，才能得出正确的结论。

5. 广泛推广，不断验证和改良教学主张

随着教育教学改革的不断发展，很多学校都很重视课题研究的开展，可很多课题研究结题后，却因为种种原因，被束之高阁了。课题研究成果，可能就只有课题组成员知道，周边的学校、教师完全不知情。究其原因，是没有对课题研究成果进行推广。为什么要进行课题研究成果的推广？课题研究成果的推广不仅是为了传承，更重要的是为了创新与发展。教学主张的提出可通过课题研究过程去验证，可课题研究的实验对象是课题组所在学校的小部分实验班，因此，课题实验所提出的教学主张可能在本校可以进行，可如果换一个区域、换一个学校、换一批学生呢？同样的教学主张是否可行？验证一个教学主张是否科学可行，可以通过对课题实验成果的推广来进行。可以从小面积推广研究成果开始，如先把成果推广到同一个乡镇、区的学校，推广形式可以是围绕教学主张开展相关的集体备课、上示范课、推广学校教师上诊断课，同时课题组成员培训指导推广学校教师运用课题组研究成果，然后，课题组成员指导、观察、分析课堂教学情况，以论证课题组所实践研究的教学主张是否切实可行。在进行了小面积推广后，就可以进行大面积推广了，如开展"送课到校"活动，推广课题组的实验成果。在推广的过程中，再一次在实践中验证自己所提出的教学主张是否可行，并根据实践结果再一次对自己的教学主张进行修正、补充、完善，以使教学主张具有更广泛的适用性。

第二节 "效度式"语文教学思想解读

一、"效度式"语文教学思想

2013年，经过长期的实践探索，我在一系列类经验中提炼出、形成自己独特的教学思想——"效度式"语文教学。

1. "效度式"语文教学的内涵

"效度式"语文教学指的是在语文教学实践中，将语文本位教学的有效性和梯度性应用到课堂中，它包含两个方面的内容：一是语文本位教学的有效性；二是语文本位教学的梯度性。将二者有机结合，从而达到高效与梯度渐进的教学效果，促进学生语文素养的个性化发展。

2. "效度式"语文教学的理论背景

新课程的基本价值取向是：为了每一个学生的发展。"为了每一个学生的发展"，意味着我国基础教育课程改革必须走出目标单一、过程僵化、方式机械化的教学模式，让每一个学生的个性获得充分发展，培养丰富多彩的人格。新课程的价值追求落实在语文学科，必然要求教师拥有新的视野，采取全新策略；语文课程教学必须全面转型。关于如何在教学实践中找到一条适合每一个学生的发展之路，本章的"效度式"语文教学做出了探索性的回答。

3. "效度式"语文教学的现实意义

作为一线教师常常听到这样的抱怨："现在的语文越来越不好教。""教什么？怎么教？学生都不感兴趣！"……这些话语是否引起你更深入的思考：语文课究竟教什么？怎么教？其实，课文就是"例子"，语文是由一篇篇课文，即一个个"例子"组成的，语文课就是用这一个个"例子"来教语文。综观现在的语文课堂，"教课文"仍然是课堂的常态，"分析课文"仍然是教师教学的主要方式。这样的课堂是低效的，与新课程的基本价值取向是相违背的。在多年的教学实践探索中，我努力探索出自己独特的语文课堂教学思想——"效度式"语文教学。

二、"效度式"语文教学的实践应用

1. 更新思想，树立"效度式"语文教学的理念

"效度式"语文教学的理念遵循新课程教育教学的理念以及儿童的身心发展特点。教育为什么？教育就是为了每一个学生的发展。落实到语文课上，就是为了每一个学生的语文素养发展，课堂是促进学生语文素养发展的主阵地。在课堂教学中坚守语文本位教学的有效性和梯度性的理念，把"教学重点"放在"教课文"上，还是"教语文"上，是决定语文本位教学有效性的分水岭。因此，语文教师必须勇于更新思想，转变观念：理解课文内容不是阅读教学的主要目标，分析课文不是教师教学的主要手段，教师必须勇于摒弃陈旧的教学理念，勤于研读文本，善于开发文本，巧于运用文本。借助"课文"这个例子，变"讲授"核心为"读写并重"，结合学情、文本，创设开展由简到难、由浅入深、梯度式渐进的适合学生的言语实践活动，让不同层次的学生在活动中，既学会"阅读"又勇于"表达"，在"阅读"与"表达"的双向交流中，学会与教师对话、与文本对话、与同伴对话，让每一个学生都在课堂中得到发展，从而实现"效度式"语文教学的有效性和梯度性。

案例：更新思想，决定行为

以语文S版小学语文第六册第17课《七颗钻石》为例，传统的语文阅读教学课堂，教师会设计一系列琐碎的问题：小女孩为什么要找水？小女孩找到水了吗？小女孩是怎样找水的？小女孩的木水罐发生了多少次变化？每次变化又是怎样的？而受"效度"语文教学思想引领的语文课堂，在教学过程中，不再纠结回旋于故事的情节分析，而把主要的时间和精力用于对文本语言特点的习得上，关注文本中"语言形式"的学习和运用，紧扣《七颗钻石》文本中的重点

词语、句子、段落，辅以梯度式的语言表达训练。

传统的语文课堂，师生之间一问一答，貌似热闹，看似启发，实际上这样的课堂教学质量是低效的。这样的课堂，师生始终"纠缠"于课文内容，学生在40分钟内，收获的只是"文本内容"，得到的仅仅是文本本身的静止的知识，却无暇顾及文本中更有效的关于阅读和写作的可以增值的知识。这样的教学忽略了对文本内容的旁引，忽略了对语言形式的关注，从而错失了学生语言能力和语文素养发展、形成的良机。而"效度式"语文教学区别于传统阅读教学，它更关注教学的有效性和均衡性，能够真正地让学生有所收获，促进学生语文素养的发展。

2. 合理取舍，选择"效度式"语文教学的课程内容

当前，有些教师不管教哪个年级，为了追求考试的高分数，忽略了学段的教学目标，想要面面俱到，却导致学生的基础不扎实；想要样样都讲，结果却样样不行。这真是"耕了自己的田，种了他人的苗"。"效度式"语文教学的实施关键就在于：开发选择合适的课程内容进行教学设计。语文课程内容不宜过多，要懂得舍弃，才会有收获。教师心中要有个"小而精"的准则，要善于根据学情及年段的不同特点，对教学内容进行"瘦身"，切忌"眉毛胡子一把抓"，想要面面俱到却又事与愿违。要学会对教学内容进行取舍，这样既可减轻教师的负担，又可提高课堂的教学效率。

案例：合理取舍，二度开发

"效度式"语文教学思想在《七颗钻石》这一课中是这样体现的：紧扣文本中的3个句子，将其作为文本的范式，即"语言训练点"。这三个句子分别是：①她找哇，找哇，终于在一座山上找到了一个很小的泉眼。紧扣"文眼""找哇，找哇"引导学生想象说话：小女孩除了去山上找水，她还会去哪里找水呢？紧接着教师出示句式：小女孩来到小河边，看见_____。小女孩来到_____，看见_____。小女孩还来到_____，_____。通过句式这把"梯子"，帮助学生完成说话练习。②水从岩缝里慢慢地滴下来。小姑娘小心翼翼端着水罐，一滴一滴地接水，很久才接满一罐。教学过程中，紧扣作为"文眼"的"一滴一滴""很久"，通过改变句式引读：一分钟过去了、十分钟过去了、一个小时过去了、两个小时过去了……引导学生在一次又一次层层深入的回旋中，读中悟，悟中读，深深地感受小女孩找水的艰辛。③"好哇！你比我更需要水，把它全都喝了吧。"说着小姑娘把金水罐递给了过路人。教师联系上下文，创设情境，多次引读："他脸色苍白，有气无力地说"……师生在反复的接读中，渐渐进入了故事的情境中，深深地体会到小女孩的善良和爱。

《七颗钻石》是一篇童话，这是学生喜闻乐见的形式，考虑到大部分学生对童话的情节都能通过课前预习、课堂默读等方式自主把握，因此，教师应集中时间和精力通过"文本范式"让学生习得语言，这个"文本范式"即"语言训练点"。语文课程的本质属性既非工具性，又非人文性，而是其独一无二的言语性。什么是"言语性"？言语性是指语文课程所独有的学习个人在特定语境中具体的语言运用和表现的特殊属性。言语性是语文课程、语文教学的"独担之任"。这种对文字的感悟是教师的分析、讲解不能替代的，学生的语文素养也在听说读写的语言训练中得到发展。

3. 完美制定、打造"效度式"语文教学的学习目标

现在的课堂存在"目标模糊"的现象，许多教师甚至搞不清自己的课堂教学目标是什么，整个教学流程谈不上"教学效率"。因此，在确定好课程内容后，教师还要根据课程内容制定教学目标。教师心里应有一本账：每个年级教什么，应该怎样教，怎样把年段目标细化并内化到各篇"课文"里。只有把握住教学目标，并落实到教学中去，才能在课堂教学中促进每一个学生语文素养的发展。

案例：整合内容，制定目标

语文S版小学语文第六册第17课《七颗钻石》

一、传统的语文教学目标

1. 学生能认识并理解文中的生字新词。

2. 学生能正确、流利地分角色朗读课文。

3. 学生能理解课文内容，了解水罐发生的 3 次变化并从中感受到小女孩美好的心灵。

二、"效度式"语文教学目标

1. 通过有层次的朗读，体验小女孩的善良与爱心。

2. 通过对文本中重点句子的品读，感受小女孩的善良与爱心。

3. 走进童话故事，通过写话感受水的宝贵及小女孩的善良与爱心。

传统的语文教学与"效度式"语文教学相比，前者的教学落脚点侧重于对文本内容的分析，"效度式"语文教学却有三大教学目标：目标一重在体验爱心；目标二重在感受爱心；目标三重在唤醒爱心。每一个目标都对"知识能力""过程和方式""情感价值观"进行了整合。三大目标更侧重"淡化文本分析，强化语言训练"，目标的层次化、可测性及可操作性得以体现；工具性、人文性与语言性在课堂教学中通过目标更是互相渗透，有机融合。

4. 精心设计，优化"效度式"语文教学的教学流程

"效度式"语文教学的教学过程必须具备以下两个特征。其一是梯度式，它表现在纵向上，学生在言语实践活动中，学习能力、语文素养呈阶梯式，环环上升。其二是网状式，它表现在横向上，学生和教师并非互相独立的个体，而是在言语实践活动中，师生之间、生生之间、生本之间形成网状式，环环相扣。学生在充分参与中，语文素养随之得以提升，从而实现语文教学的有效性。

案例：言语为本，优化教程

将"效度式"语文教学用在《七颗钻石》的教学过程的设计上，例如：课伊始，通过展示图片、创设话题："在你的眼前，你仿佛看到了什么？"学生纷纷举起手说："干渴的小河、奄奄一息的小树……"学生尽情地表达，从词语的交流与表达，逐渐递进到句子训练，再结合文本句子，引导学生说话："小姑娘来到_____，看到_____。"随着言语训练点难度的加深，学生学习的模式也由"自主学习"转化为"同伴学习"。在句子训练达到"白热化"的基础上，教师再结合文本内容，引导学生插上想象的翅膀，进行段式训

练："泉眼涌出了一股清澈的水流，水流到了＿＿＿＿＿；流到了＿＿＿＿＿；流到了＿＿＿＿＿……"

"效度式"语文教学体现了"为了每一个学生的发展"这一教学理念。其教学过程是一个"梯度式"言语训练的进程，引领学生由浅到深、从易到难地习得语言，让学生体验成功的快乐，从而实现语文课堂的有效性。学生的学习方式也随着学习内容发生改变，同伴间相互讨论，激情表达，由同伴学习过渡到小组合作学习，学生的言语在一阵阵热烈而又轻松的气氛中跃上一个新台阶。纵观整个教学流程，言语训练从词语到句子到段落，呈现了一种"梯度式"跃进；学生学习方式由自主学习到同伴学习再到小组合作学习，呈现一种"网状式"扩散。这样的交流与互动，既着眼于个别，又放眼全局，一步一个台阶，真正落实了新课程的基本价值取向。

为了每一个学生的发展，不仅是新课程的基本价值取向，更是每一位教师心中的一道标杆，同样也是我们语文课堂教学追求的一个终极目标。让一节节"效度式"语文课堂，成为学生人生的一段段美好的回忆，让学生在"效度式"语文课堂中得到历练、训练、锻炼，让语文课堂呈梯度式上升，高效渐进地发展。

第三节　"效度式"语文教学实践案例

言之有物、言之有序、言之有词

——能说会道"动物明星评选会"教学设计

【设计理念】

口语交际是一种动口、动脑的活动，培养学生实用的口语交际能力是口语交际教学的价值所在，教师必须脚踏实地地实践口语交际活动。"动物明星评选会"正是通过创设一种生动活泼的情境、贴近童趣的活动形式，让学生在口语交际活动中直接体验，激发学生的表达与交流兴趣，这为学生课前收集资料提供了舞台，为学生表达与交流做好内容上的选择和情感上的酝酿。

【教学目标】

1.培养学生收集、整理资料的能力。

2.让学生学会介绍动物，能有条理地描述动物的外形、生活习性、技能等特点。

3.培养学生的口头表达能力。引导学生说话要清楚、有条理、具体。

4.培养学生的评价能力，学会围绕标准评价自己、评价他人。

【教学重点】

引导学生通过有序的语言组织，把动物的外形、生活习性、技能介绍清楚，做到说话清楚、有条理、具体。

【教学难点】

在讨论的过程中能认真倾听、文明插话，在交际中提高学生的听、说能力。

【教学准备】

多媒体课件。

【教学流程与设计意图】

（一）创设情境，激发兴趣

今天我们森林里召开动物明星评选会。第一个上场的动物是——我们先听听它的声音，猜猜它是谁！教师首先播放动物声音，让学生听声音，猜动物。

课件展示：

我是（   ）的小猫，你们喜欢我吗？爱我就请你们鼓励我！

设计意图：新课标第二学段口语交际要求的第3点："清楚明白地讲述见闻，说出自己的感受和想法。"因此，在课堂口语交际过程中，更要善于创设生活情境。引导学生进入角色，只有内心感受真情流露，才是最完美的表达。

（二）聚焦动物，学习表达

1.活动一："我最美"

（1）课件展示小猫图片，请学生围绕"我最美"这个主题，夸夸小猫，比一比谁的语言最美。注意说话要清楚、有条理，介绍得具体，内容比较丰富，有意思。

（2）课件出示说话训练句式、小组交流。

课件展示：

小猫真美啊。_____

_____

_____。

（3）指名回答，全班评选。

（4）为介绍动物外形最好的小组颁发"最佳表达奖"。

2. 活动二："你了解我吗"

（1）课件展示关于小猫生活习性的图片，请学生围绕"你了解我吗"这个主题，介绍小猫的生活习惯等，比一比谁的语言更优美。注意说话要清楚、有条理，介绍得具体，内容比较丰富，有意思。

（2）课件出示说话训练句式、小组交流。

小猫爱吃_____

_____

_____。

（3）小组汇报、全班评选。

（4）为介绍动物生活习性最好的小组颁发"最佳表达奖"。

3. 活动三："我最棒"

（1）课件展示小猫技能图片，请学生围绕"我最棒"这个主题，夸夸小猫，比一比谁的语言最美。注意说话要清楚、有条理，介绍得具体，内容比较丰富，有意思。

（2）课件出示说话训练句式、小组交流。

小猫爱_____

_____

_____。

（3）指名回答、全班评选。

（4）为介绍动物技能最好的小组颁发"最佳表达奖"。

设计意图：双向或多向互动是口语交际的常用交际方式，教师和学生在教学中是双角色。口语交际过程中，通过声音、图像的双重刺激，唤起学生的兴趣，对学生进行口语交际的训练，尤其是对许多学生而言，更需要把握口语训练的契机，必须为之提供有效的适度口语训练句式。让每一个学生都动起来，教师为学生"量身定做"的说话句式，犹如一把"梯子"，引领学生登上口语交际的殿堂。让学生领略口语表达的乐趣，令学生言之有物、言之有序、言之有词，让学生自由表达、快乐成长。

（三）关注动物，尝试表达

除了小猫外，还有 9 种动物没出场，现在我们请出另外的 9 种动物。

（1）小组交流：选择自己最喜欢的一种动物，并说明原因。

（2）小组汇报、师生点评。

课件展示：

我最喜欢的动物是_____，因为它不仅_____，而且_____。

设计意图：有效的口语交际教学不仅要具备课堂情境，更需要生活情境，实现课堂与生活的结合。这一环节，教师设置了一个说话训练：我喜欢的小动物是_____，它不仅_____，而且_____。让动物评选与学生的内心感受相结合，促进学生乐于去表达，愿意去表达。

（四）全班交流，评选明星

（1）小组交流：选你们最喜欢的动物明星，分别从外形、习性、技能三方面介绍。

（2）全班交流：指定一两个小组，汇报自己喜欢的动物。

（3）颁发"最佳合作小组奖"。

（4）小组交流：根据自己喜欢的动物的外形、习性、技能，为自己喜欢的动物颁发一个"荣誉称号"。

（5）小组汇报，全班交流。

设计意图：口语交际着重于它的交际性，是双方互动的过程，例如：师生交流、小组交流、小组汇报交流、师生互评价、生生之间的评价都表现为一种交际性，并且把听和说融合起来，形成多层次、多角度的口语交际，围绕"动物明星评选"这一主题开展活动。

（五）课堂总结，拓展延伸

（1）课件展示说话句式训练，让学生谈谈自己课堂上的收获。

感谢课堂，让我＿＿＿＿＿＿＿＿＿＿＿＿＿＿＿＿＿＿

＿＿＿＿＿＿＿＿＿＿＿＿＿＿＿＿＿＿＿。

（2）教师结合学生的收获，寄语学生。

设计意图：在课堂口语交际过程中，更要善于创设生活情境。引导学生进入角色，只有内心感受真情流露，才是最完美的表达。

（六）板书设计

说话清楚、具体

学会倾听

【教学反思】

《义务教育语文课程标准（2011年版）》指出："口语交际能力是现代公

106

民的必备能力。"应培养学生在各种交际活动中，学会"倾听、表达和应对的能力"，"使学生具有文明和谐地进行人际交流的素养"。"能说会道"就是形容一个人的口才好，很会说话，口语表达能力强。人的交际能力是在口语交际的实践过程中逐步习得并得到锻炼与提高的。

中年级口语交际的要求着重在三个方面：一是口语交际时，要让学生养成讲普通话的习惯；二是口语交际时，要认真、努力地听，完整、简要地讲述；三是在口语交际时，要有礼貌、有兴趣、有自信心。

为了完成上述任务，教师在教学时就应力求做到让学生想说、敢说、会说。本次话题"动物明星评选会"，因为学生对动物都比较熟悉，这就解决了"说什么"这个问题。为了让学生尽快进入氛围，我先创设情境、激发兴趣："今天我们森林里召开动物明星评选会。第一个上场的动物是——我们先听听它的声音，猜猜它是谁！"教师首先播放动物声音，让学生听声音，猜动物。学生兴趣盎然，再次聚焦动物，学习表达，开展了活动一"我最美"、活动二"你了解我吗"、活动三"我最棒"。活动结束后，为介绍动物生活习性最好的小组颁发"最佳表达奖"。最后，全班交流："评选明星：选你们最喜欢的动物明星，分别从外形、习性、技能三方面介绍。"整个活动，学生敢于开口，乐于开口。学生自由地说，同时教师相机引导学生有条理、有重点地讲述话题。完成"说"后，让学生把说的内容写下来，为写话创造了更好的条件。在口语交际的过程中，提醒学生注意说话、倾听和写话的要求，让学生更加明确目标，这样更便于达到目标。

第五章

"四环多维"乐学课堂教学模式的解读与实践应用

听、说、读、写四个方面的能力是不可割裂的,是相辅相成,听、说、读、写必须协调发展。

——叶圣陶

第一节　教学模式的内涵及发展简史

一、教学模式的内涵

2013—2016年，我担任清远市小学语文教师工作室主持人，其间一直引领教师运用"效度式"教学思想进行教学。在"效度式"教学思想的指引下，本着课堂教学关注每一个学生的原则，我们力求将课堂教学内容的梯度性与教学方法的有效性相结合，我们一直在探索高效课堂怎样在40分钟内取得有效的教学效果，怎样在40分钟内关注每一个学生。我们日常的教学模式是"点状的"，教师与学生围绕课文内容一问一答，进行课文内容的梳理，这样的课堂教学过于零散，学生注意力容易涣散，于是我有了建构"块状式"教学模式的设想。"模式"一词的英文是model，还译为"模型""范式""典型"等。不可否认"模式"在社会生产生活中的重要性、必要性和普遍性。

"教学模式"这一概念，很容易被理解为"教学模具"。我听过一些教师发出质疑的声音："教学模式是否适用？每一节都用统一的教学模式，是否违背人的发展规律？"甚至有些老师是极力反对教学模式这一说法的。教师可以先了解教学模式的发展史，然后再思考日常的课堂教学。教学模式并不是倡导使用同一个模子来培养人才，而是体现一种理念育人。教学模式里的模式并非工厂流水线里的模具，培养出千篇一律的人才，而是运用一种教学理念，形成一种方式，培养创新型人才。所以说，教学模式不等同于教学模具，它是一种理念，是一种独特的育人方式。

教学模式是在一定教学思想或教学理论指导下建立起来的较为稳定的教学活动框架和活动程序，对教学过程具有指导作用。

二、教学模式发展简史

了解教学模式的历史发展，能让教师有所借鉴，能帮助教师掌握教学模式发展的趋势。

"教学模式"一词最早是由美国学者乔伊斯和韦尔等人提出的。最先将"模式"一词引入教学领域并加以系统研究的是美国学者施瓦布和冈特，他们在《教学：一种模式观》一书中指出，教学模式是"导向特定学习结果的一步步的程序"。施瓦布和冈特认为，教学就是构造课堂环境，对能力、兴趣、需要各不相同的学生的学习进行有效重组的过程，教学模式为组织教学提供一定的结构、程序和步骤。

"教学模式"这一概念在20世纪50年代以后才在国内出现，不过早在古代，我国已有教学模式的雏形，如传授式——它的教学模式是"讲、听、读、记、练"。

17世纪，夸美纽斯提出了程序结构的教学模式是"感知、记忆、理解、判断"；19世纪，赫尔巴特提出了四阶段教学模式是"明了、联合、系统、方法"，后来他的学生莱因，又将其改造为"预备、提示、联合、总结、应用"五阶段的教学模式。19世纪20年代，美国教育家杜威提出"以儿童为中心""从做中学"的实用主义教学模式。20世纪50年代以来，随着科学技术的发展，在教育领域出现了许多教学思想与理论，同时也产生了许多新的教学模式，如传递—接受式教学模式、自学—辅导式教学模式、探究式教学模式、概念获得模式、巴特勒学习模式、抛锚式教学模式、范例教学模式、现象分析模式、加涅模式、奥苏贝尔模式、合作学习模式、发现式模式等。感兴趣的教师可以查阅相关文献资料去了解这些教学模式的原理及操作流程。

20世纪80年代以来，我国教育界对教学模式的研究逐渐广泛起来，出现了一些重要的研究成果，对"教学模式"概念的界定也有很多种。我国教育界通常定义教学模式是依据教学思想和教学规律而形成的，在教学过程中必须遵行的、比较稳固的教学程序及其方法的策略体系，是在一定教育思想或教育理论指导下建立起来的各种类型的教学活动的基本结构或框架，是表现教学过程程序性的策略体系。

三、教学模式的结构

根据以上对教学模式的定义，可知教学模式通常包含五个因素，这五个因素之间是互相影响、互相作用的关系。这五个因素分别为理论基础、教学目的、教学流程、教学条件、教学评价。

1. 理论基础

教学模式以教学相关的各种理论为根基，遵循教育教学相关理论，它是在教育教学理论指导下的教学范式。例如，思维型课堂依据的是脑科学相关的理论建构的教学范式；活动型课堂依据的是行为主义学习理论建构的教学范式；项目式学习课堂依据的是学科整合理论建构的教学范式。无论建构哪种教学模式，都应有正确的学科理论基础的支撑，这样的课堂教学模式才是科学可行的。

2. 教学目的

教学目的是课堂教学模式的目标和任务。教学目的既是教学模式构建的初衷，又是教学模式构建的终极目标，这里的教学目的与每节课的教学任务和教学对象所设定的教学目标有所不同，而是教学模式设计者的具体教学思想的体现。例如，思维型课堂教学模式的教学目的，是通过课堂教学发展学生的思维；项目式课堂教学模式的教学目的，是通过项目式的教学活动发展学生运用知识的能力。

3. 教学流程

教学流程是课堂教学步骤、课堂教学环节、课堂教学程序的总称。目前，课堂教学流程呈"线状型结构"。很多教师把课文按情节发展的线索或课文内容的思路设计成一系列的问题，师生一问一答，再根据重难点做批注，这样上课，从开头到结尾，一边"满堂问"，一边"满堂灌"，这样的线状型课堂结构非常散乱，显然不是最佳的方案。建构教学模式就是要改变这种课堂结构。把课堂设计成几个学习板块，减少零碎的串讲串问，这样的课堂教学模式才更具有整体性和系统性。

4. 教学条件

教学模式的构建还需要依托各种教学条件，如教师、学生、教学内容、教学手段、教学环境、教学时间等。这些因素在教学模式中遵循教学原则进行优化组合，以发挥教学模式的最优效果。例如，可以借助信息技术手段构建语文与信息技术整合的教学模式等。

5. 教学评价

对教学模式在教学实践中运用的效果，是否达到了教学设计的课堂教学目标，是否完成了课堂教学任务，课堂教学模式是否可行及有效，进行一个整体评价，这就是教学评价。教学模式的评价标准和方法根据不同的教学模式会有所不同，所以要对不同的教学模式形成独特的评价体系。

四、教学模式的特点

1. 目标性

任何一种教学模式都是围绕一定的教学目标而设计的，具有极强的目标性。每一种教学模式都有其相对的适应性，不存在一种模式放之四海而皆准的情况，因此课堂教学模式不具备普适性。评价一种模式是否科学有效，应依据其是否达成了所要追求的教学目标来进行。

2. 操作性

教学模式的操作性是把抽象的教学理念具体化、可操作化的一系列的教学行为，教学模式过程是块状结构，具有可操作性。这样才便于教师在课堂中理解、把握和运用，使教学过程不再零散，而是有章可循。

3. 稳定性

教学模式是由块状的教学实践活动组合而成的，它具备稳定性。它可以改变线状的教学模式，让课堂教学更加系统化。

4. 灵活性

教学模式虽然具备稳定性，但是它并不是一成不变的，教学模式里的各个板块可以根据教学内容的需求进行调整。各个板块是为教学目标服务的，不同板块的侧重点会有所不同，它们是灵动变化的。

第二节 "四环多维"乐学课堂
教学模式解读

一、"四环多维"乐学课堂教学模式的定义

"四环多维"乐学课堂教学模式把教学过程看成一个四环多维的立体教学空间进行建构。"四环多维"是由听、说、读、写四个环节及师生、生生、生本多维互动构成课堂教学的基本结构。"四环多维"教学模式遵行新课标的基本理念"为了每一个学生的发展",打破传统的目标单一、过程僵化、方式机械化的教学模式,让每一个学生的个性都获得充分发展,培养学生丰富多彩的人格。

二、"四环多维"乐学课堂教学模式产生的背景

我扎根乡村教育二十余年,在日常课堂教学中围绕着教学内容、教学方法、教学手段、教学情境等因素,开展了大量的实践与探索,但很多课堂教学过于零散,没有形成系统性、结构性,教师备课难于操作,心里面没有一个模式,总是随心所欲地进行教学设计。于是,我便想要优化目前的教学模式,那么如何优化教学模式呢?必须回到教学的原点,即要处理好"教与学""师与生"的关系。回观我们平时的课堂教学都是以教为中心,以教师为主导,忽略了学生的学习主动性。教师总想把课文内容嚼碎,分析给学生,这样学生充其量只是一个知识的容器,即使有语言文字训练意识,也是没有系统的,长此以

往将不利于学生语文核心素养的培养和思维的发展。如何让学生在课堂教学中"动"起来？课堂教学怎样让学生主动参与？课堂教学怎样关注每一个学生的发展？为了解决这些问题，再结合培养学生语文核心素养的需求，我在课堂教学创设"听、说、读、写"的学习活动让学生动起来。基于这样的认识，我们要求教师更新教学观念，改变过去一味"灌输"的教学模式。在课堂教学过程中，尝试调动学生的主观能动性，让学生参与进来，要让教学活动梯度式地展现，并且每一个环节都要有效，在这一教学思想的指导下，我从2012年起探索一种全新的教学模式——"四环多维"乐学课堂教学模式。

三、"四环多维"乐学课堂教学模式的适应性

经广泛研讨和深入论证，我们构建了适合农村校情与学情的教学模式——"四环多维"乐学课堂教学模式。在尝试和推进这一课堂教学模式的过程中，我们的教师大胆实践，克服了年龄、经验、方法、习惯、思维定式等各种困难，依据新课标精神，遵循教学规律，将"四环多维"乐学课堂模式加以规范。认真备好课，做好充分的课前准备，与学生一起在课堂中进行听、说、读、写的活动，实现了课堂教学模式的最优化，改变了过去课堂散乱的状态，实现了课堂教学的优质高效。多年的教学实践证明："四环多维"乐学课堂教学模式适合小学阶段所有年级，在课堂教学中有系统地通过设计语文教学活动，训练学生的听、说、读、写能力。经过多年的实践探索，这一教学模式受到了许多教师的认可，我们将这一教学模式以课例、讲座的方式在当地多个乡镇进行推广，也受到了当地教师的认可。

第三节 "四环多维"乐学课堂教学模式的实践应用

一、"四环多维"乐学课堂教学模式的现实意义

作为一线教师，我们是否常常听到这样的抱怨声："现在的语文越来越不好教。教什么？怎么教？学生都不感兴趣……"教育家钱梦龙说："注入式是提高语文教学效率的大敌，至今却没有绝迹。"的确如此，虽然当今是个瞬息万变的时代，可是传统的教学模式仍然是农村语文课堂教学的主旋律，课堂上教师仍然高举"分析课文"的大旗，要么逐字逐句讲解，包办代替，要么充当"甩手掌柜"，放任自流。这样的课堂，就像一只失去舵手的小船，没有目标，没有方向；这样的课堂，只会无情地剥夺学生语文素养成长的黄金时机。

我从教二十余年，在长期的农村小学语文教学工作中，在不断的反思与总结中，深深感悟到：为什么我们的课堂不能吸引学生的眼球？不是因为我们缺少多媒体辅助教学，我们缺的是与时俱进的教学思想和广阔的教学视野。为什么我们学生的语文学习在小学、中学乃至整个求学时期耗时最多，然而却是实效最低的呢？可见传统的语文教学模式已不适应当前的社会对人才的培养需求，故此，我们必须改变传统的教学模式，抛繁寻简。抛什么？我们必须抛弃日复一日、年复一年的课文分析。寻什么？我们要寻找的是语文教学之本。语文教学之本是什么？语文教学之本就在于培养学生的听、说、读、写能力。

二、"四环多维"乐学课堂教学模式的理论意义

语文课程应致力于学生语文素养的形成与发展。语文素养是学生学好其他课程的基础，也是学生全面发展和终身发展的基础。我国教育界泰斗叶圣陶老先生在《叶圣陶语文教育论集》中写道："听、说、读、写四个方面的能力是不可割裂的，是相辅相成，听、说、读、写必须协调发展。""四环多维"教学模式在整个教学流程中，从纵向上，听、说、读和写四个环节融会贯通，环环相扣；从横向上，师生、生生多维互动，从而营造实效的农村小学语文课堂。

三、"四环多维"教学模式的整体设计

在长期的探索实践中，我结合当今的时代特征和新课程改革的需要，在自身"效度式"语文教学思想的引领下，把"效度式"语文教学思想与农村小学语文课堂有机地融合，探索出适合农村语文的教学模式——"四环多维"教学模式。"四环多维"教学模式是由四个教学环节——"我会听、我会说、我会读、我会写"组成，而这四个环节既独立存在，又互相融合。在"我会听"环节中，侧重于学生倾听能力的培养。学生在一系列梯度式的倾听训练后，在对课文充分感知的基础上，递进到第二个环节"我会说"，这个环节侧重的是学生的口头表达能力的培养。在这个环节中，教师在充分解读文本的基础上，挖掘文本中的口头表达训练点，设计适合学生学情的学习活动，与学生在活动中多维互动，充分释放学生的表达欲望，让学生的口语表达能力在活动中得到质的提升。"四环多维"教学模式中的第三环节"我会读"，主要是让学生参与各种形式的读书活动，在多形式、多维的互动中，把凝固的语言文字变为生命的涌动。"四环多维"教学模式第四环节"我会写"，则是把阅读教学与习作教学有机地结合起来。

四、"四环多维"教学模式的实践与反思

《宝葫芦的秘密》是统编版语文四年级下册的一篇童话。这篇童话有趣而

又富有哲理，选自张天翼的《宝葫芦的秘密》。本文讲述了宝葫芦的主人王葆在得到宝葫芦之前，如何经常听奶奶讲许多关于宝葫芦的故事，得到宝葫芦的人都"过上了好日子""要什么有什么""幸福极了"，于是王葆也非常希望有一个宝葫芦，为自己排忧解难。在语文课堂中，教师更重要的职责是借助文本，培养学生的语文素养。培养学生的语文素养最根本的就是培养学生听、说、读、写能力。下面我以自己执教统编版语文四年级下册《宝葫芦的秘密》一课的构思和教学过程，解读"四环多维"教学模式。

（一）"四环多维"教学模式的实践

环节一："我会听"，在倾听中多维吸收

"我会听"，初读课文

（1）播放录音，倾听想象：听了这个故事，想想王葆为什么想要宝葫芦。

（2）小组分享、倾听：听了这个故事，说说王葆为什么想要宝葫芦。

（3）全班分享、倾听：听了这个故事，说说王葆为什么想要宝葫芦。

设计意图：在《宝葫芦的秘密》一课的第一环节，根据文本内容，教师通过播放课文朗读录音，要求学生边倾听边想象，紧接着安排小组分享、倾听，并在此基础上，全班分享、倾听。在逐渐递升的教学活动流程中，伴随着学生的分享、倾听，在"我会听"这一环节不仅培养了学生倾听的能力，同时还锻炼了其口头表达和遣词造句的能力。在这样的语文学习活动中，每课一练，每练一得。在教师独具匠心的教学活动中，学生的倾听能力、表达能力得到了有序的培养。

环节二："我会说"，在表达中多维分享

过渡：奶奶给王葆讲了哪些故事呢？

"我会说"，再读课文

（1）小组分享，指名反馈：奶奶给王葆讲了哪些故事？

（2）从奶奶给王葆讲的故事中，选一个自己喜欢的故事想象练说。

设计意图：在《宝葫芦的秘密》一课的第二环节，以倾听和表达这两种方式，让学生充分感知文本，通过师生交流、生生交流、生本交流，再次把学生梯度式的口语表达教学活动推上高潮。在表达与分享中，让学生更深层次地走进文本，与文本对话，感悟文本。

环节三："我会读"，在阅读中多维感悟

过渡：你觉得王葆是一个怎样的孩子？把课文里的相关句子找出来，用你最喜欢的方式朗读。

"我会读"，品读课文

（1）反复吟诵，自读感悟。

（2）小组互读，分享感悟。

设计意图：在《宝葫芦的秘密》一课的第三环节，教师引导学生找出文本中描写王葆的语言、动作、心理活动的句子，摒弃过往逐句分析的传统教学模式。有针对性地抓住体现王葆形象的关键词、句，让学生进行自主感悟品读，并在自主感悟品读的基础上，拓展交流，与同桌分享，与小组同学、全班同学分享。这样的学习模式对学生的影响远远胜于教师的"一言堂"，因为同学就是学生最好的老师，这也是"四环多维"语文教学模式的魅力所在。

环节四："我会写"，在书写中多维成长

过渡：当王葆真的得到了宝葫芦时，他逐渐认识到靠宝葫芦不劳而获，带给他的不是幸福，而是烦恼。这是怎么回事呢？

"我会写"，拓展课文

（1）激发想象，段式训练：要是我有一个宝葫芦，那_____。

（2）小组互读，分享创作。

（3）全班点读，共享创作。

设计意图：在《宝葫芦的秘密》一课的第四环节，在充分的倾听、练说、阅读的过程中，让学生插上想象的翅膀，进入练习创作的环节，在练习创作过程中，培养学生的想象和习作能力。

（二）"四环多维"教学模式的反思

1. 梯度性与有效性齐头并进

以"四环多维"教学模式推进的语文教学的教学过程必须具备以下两个特征：梯度式和网状式。梯度式是指学生在以"四环"为载体的言语实践活动中，学习能力、语文素养呈阶梯式，环环上升。网状式是指学生和教师并非互相独立的个体，而是在言语实践活动中，呈现网状式、环环相扣的状态。在充分参与中，学生的语文素养也随之得以提升，从而实现语文教学的有效性。

2. 主导性与自主性互为补充

以"四环多维"教学模式为载体的语文课堂，充分发挥教师在课堂教学活动中的主导性，教师根据文本、学情精心设计每个教学环节，在教学过程中充分激发学生的自主性，让学生充分参与教学活动，在"四环多维"教学模式中让学生的语文素养得到成长。

3. 独立性与系统性相辅相成

"四环多维"教学模式中的每个环节既独立存在，又相互融合。"四环多维"中的"我会听""我会说""我会读""我会写"，在每一个环节中，师生、生生、生本多维互动，每一个教学环节都有自己独特的任务，但又与其他环节融会贯通，在环环相扣中实现能力的整合。

第四节 "四环多维"乐学课堂教学 模式的实践案例

《清清的溪水》教学设计

【教学目标】

1.认识"溪""俩"等生字，写好"被""系"等生字。

2. 正确、流利地朗读课文，结合课文理解"又凉又甜""刨坑"等词语并进行仿写及拓展运用。

3.懂得树木与小河的关系，增强环保意识。

【教学重难点】

正确、流利地朗读课文，结合课文理解"又凉又甜""刨坑"等词语并进行仿写及拓展运用。

【教学准备】

课件。

【教学过程】

（一）"我会听"，初读课文

（1）创设情境，导入新课。

（2）板书课题，指导识字。

（3）聆听课文，思考问题。

为什么清清的溪水变浑了？后来怎么又变清了呢？

（4）指名回答，师生点评。

过渡：小兔家门前的小溪原来是怎样的？

（二）"我会说"，精读课文

（1）出示句子，朗读指导。

小兔的家门前，有一条清清的小溪，溪水又凉又甜。

（2）出示图片，想象说话。

清清的小溪里有又（　　　）又（　　　）的石头。

清清的小溪里有又（　　　）又（　　　）的金鱼。

清清的小溪旁有又（　　　）又（　　　）的树木。

小溪旁的果园里有又（　　　）又（　　　）的西瓜。

（三）"我会读"，再读课文

（1）出示插图，学生练说。

（2）出示句子，指导写字。

走近一看，一片小树林快被他们拔光了。

（3）出示句子，指名朗读。

（4）小组合作，指名朗读。

（5）指名合作，角色朗读。

（四）"我会写"，巩固识字

（1）出示插图，学生练说。

（2）出示句子，想象练说。

（3）游戏激趣，巩固识字。

（五）板书设计

大象　　　　　　棕熊

拔树　　　　　　种树

小兔

《枫树上的喜鹊》第二课时教学设计

【教材分析】

《枫树上的喜鹊》是一篇童话,一篇想象力丰富、充满童趣的散文。"我"喜欢站在渡口边的枫树底下看喜鹊的窝,看见喜鹊阿姨站在窝边,教喜鹊弟弟学习、游戏,"我"为懂得他们的语言交流而感到高兴。表达了"我"对喜鹊一家的喜爱之情和对大自然的由衷热爱。

巧用反复。课文多次运用反复的手法。在第1~4自然段,反复说"我喜欢""像童话书里那样,在心中称呼……"等,强调"我"对喜鹊的喜爱。

想象力丰富。"我"从喜鹊简单的叫声中,听出了语调的丰富变化,由此展开想象,与喜鹊进行心灵的交流。

课文通过拟人化的叙述和描写,赋予喜鹊以灵性和情感,营造了一个纯真、美好的童话世界。课文采用第一人称,以"我"的所见所闻、所思所感,把读者带到村里渡口旁的大枫树下,听喜鹊阿姨教喜鹊弟弟学自己发明的"拼音字母"……让人身临其境,感受到人与自然和谐相处。

【设计理念】

新人教版部编本于2018年春期正式使用,二年级下册教材共安排课文25篇。教材以专题组织单元,第8~11课为"童话篇",意在培养学生热爱生活的情感。在《枫树上的喜鹊》一课的教学中,教师要重视朗读的指导。通过集体读、分组读、男女学生分读、配乐朗诵、分角色朗读等多种形式,使学生在阅读实践中感受、体验、思考、领会,进而通过自己的阅读把感情表达出来;激活兴趣,学以致用。学习语言是语文教学的基本任务,学是为了更好地运用。因此,本课的教学中,主要目标是激活学生的想象力,让学生也当一当童话作家，练习编写童话故事，在这个过程中学有所得。

【教学目标】

1. 通过多形式的读，理解文中反复说的"我喜欢"的句子，理解课文内容，体会作者对喜鹊的喜爱之情。

2. 学习文中喜鹊母子间的对话，激发学生的想象力，编写童话。

3. 感受儿童丰富的想象力，体会儿童的天真烂漫和对大自然的喜爱之情。

【教学重点】

通过多形式的读，理解文中反复说的"我喜欢"的句子，理解课文内容，体会作者对喜鹊的喜爱之情。

【教学难点】

学习文中喜鹊母子间的对话，激发学生的想象力，编写童话故事。

【教学准备】

课件、头饰。

【教学过程】

准备：播放歌曲《花喜鹊》。师生谈话：同学们，你们喜欢花喜鹊吗？（喜欢）（指名板书）作者也喜欢喜鹊，并且，他还把自己放进故事里，编成了一个童话故事。今天我们一起来进入童话故事《枫树上的喜鹊》。

（一）"我会听"

（1）聆听课文朗读，找一找童话故事里含有"我喜欢"的句子，看看它在课文里反复出现了多少次，并且用"＿＿＿"把它画出来。

（2）学生聆听课文朗读，边听边画。

（二）"我会说"

指名回答："我喜欢"在课文里反复出现了多少次？并且说说"我"喜欢

的分别是什么。

（三）"我会读"

1. 初读课文，整体感知

（1）课件展示，指导朗读。

我们村的渡口旁有一棵枫树，我很喜欢它。

枫树上有一个喜鹊的窝，我喜欢极了。

是的，我喜欢站在枫树下，抬头看喜鹊的窝。

我真是喜欢极了。

（2）"我"喜欢什么？（板书：枫树）"我"为什么喜欢它？找出书本中写枫树的句子读一读。

① 课件出示句子：

我们村的渡口旁有一棵枫树，我很喜欢它。它好像一把很大又很高的绿色太阳伞，一直打开着。它的绿荫遮蔽了村里的渡口。

② 你觉得这是一棵怎样的枫树？用你喜欢的词语说一说。（　　　）的枫树。

③ 因为这是一棵茂盛的枫树，所以你喜欢它。请把你对枫树的喜爱之情，送到句子里去读一读。

过渡："我"在童话里反复说"我喜欢"，"我很喜欢它"，"我喜欢极了"，"我真是喜欢极了"。老师也很喜欢，老师还把这段童话改编成了一首童话诗，大家也可以尝试对它进行改编。

2. 创编课文，品味朗读

课件展示，合作朗读。

我们村的渡口旁有一棵枫树，

我很喜欢它。

它好像一把很大又很高的绿色太阳伞，

一直打开着。

它的绿荫遮蔽了村里的渡口。

枫树上有一个喜鹊的窝，

我喜欢极了。

是的，我喜欢站在枫树下，

抬头看喜鹊的窝。

我常常觉得喜鹊会跟我说话，

我像童话书里那样，

在心中称呼她喜鹊阿姨。

我真是喜欢极了。

上个星期天早上，

我正要撑着渡船到对岸的树林里去打柴，

发现喜鹊阿姨的鸟窝里有几只小喜鹊了。

我真是像童话书里那样，

在心中称呼他们喜鹊弟弟。

过渡："我"太爱这棵枫树了，从那天起，"我"一有空，便来到渡口边，站在枫树下看望"我"的喜鹊弟弟。喜鹊弟弟长得真快，好极了。"我"看见了什么呢？请同学们继续学习第5～13自然段。

3. 默读课文，拓展阅读

（1）学生练习默读课文第5～13自然段，思考问题：喜鹊妈妈是怎样教喜鹊弟弟学习的？（默读要求：不出声、不指读，一边读一边想）

（2）指名回答，出示句子。

我看见喜鹊阿姨站在窝边，一会儿教喜鹊弟弟唱歌，一会儿教他们做游戏，一会儿教他们学自己发明的拼音字母……

（3）课件展示，练习说话：你觉得喜鹊阿姨还会教喜鹊弟弟学什么？

（4）课件展示，练习说话：你会把这个词语用在我们的生活中吗？学生用"一会儿……一会儿……一会儿……"造句。

（5）分角色朗读第5～13自然段。（请一个学生朗读喜鹊阿姨的话，一个学生读喜鹊弟弟的话，其他内容教师朗读，学生戴上头饰）

（6）学生评价，教师点评。（评价读得怎么样）

过渡：作者写了喜鹊阿姨教喜鹊弟弟学习拼音，老师还编写了一段童话，同学们想看看吗？

4. 拓展阅读，激活兴趣

教师出示童话改编范例，学生拓展阅读，激发学生练写童话的兴趣。

过渡：读了老师编写的童话，同学们是不是觉得写童话也很简单？其实，我们每个人都能够成为童话作家。现在请同学们插上想象的翅膀，续写童话。

（四）"我会写"

（1）学生练习续写童话。

（2）指名分享。

（五）课堂总结，推荐阅读

只要我们留心观察，大胆想象，也一样懂得"鸟言兽语"，也可以成为童话作家。

郭风爷爷把自己毕生的精力献给了散文、散文诗和儿童文学的创作事业，迄今已结集出版作品50多部。课后推荐阅读郭风爷爷的童话作品，他的童话集《红菇们的旅行》获全国第二次少年儿童文艺创作二等奖、《孙悟空在我们村里》获中国作家协会儿童文学奖一等奖。

（六）板书设计

枫树上的喜鹊

喜欢	枫树	童话
喜鹊阿姨	大胆想象	喜鹊弟弟

附件："四环多维"乐学课堂教学模式学生学习单

《枫树上的喜鹊》改编

我们村的渡口旁有一棵枫树，我很喜欢它。它好像一把很大又很高的绿色太阳伞，一直打开着。它的绿荫遮蔽了村里的渡口。枫树上有一个喜鹊的窝，我喜欢极了。

是的，我喜欢站在枫树下，抬头看喜鹊的窝。我常常觉得喜鹊会跟我说话，我像童话书里那样，在心中称呼她喜鹊阿姨。

我真是喜欢极了。上个星期天早上，我正要撑着渡船到对岸的树林里去打柴，发现喜鹊阿姨的窝里有几只小喜鹊了。

我真是像童话书里那样，在心中称呼他们喜鹊弟弟。

从那天起，我一有空，便来到渡口边，站在枫树下看望我的喜鹊弟弟。喜鹊弟弟长得真快，好极了。我看见喜鹊阿姨站在窝边，一会儿教喜鹊弟弟唱歌，一会儿教他们做游戏，一会儿教他们捉虫子……

清晨，天上下起雨来，小雨点落在枫树上，滴滴滴；打在渡口上，咚咚咚；打在小路上，嗒嗒嗒……

"鹊！鹊！鹊！"喜鹊阿姨教道。

我知道，这便是哆、来、咪。

喜鹊弟弟也跟着学："鹊，鹊，鹊……"

雨后，天晴了，太阳公公出来了，照在枫树上，一颗颗小水珠闪烁着亮光，喜鹊弟弟在枫树上捉迷藏，我看见喜鹊阿姨站在窝边，呼唤着喜鹊弟弟："鹊！鹊鹊鹊？"

我懂得，她问话的意思是："宝贝，你们藏好了吗？"

《我是猫》第二课时教学设计

【教材分析】

《我是猫》是日本近代著名作家夏目漱石写的第一部长篇小说，是其代表作。全书共十一节，本课节选自第二节。作者以幽默而辛辣的笔触，用拟人的手法，生动地描写了一只猫偷吃年糕并发现了三条真理的过程。表现了当时社会人情的冷漠，表达了作者郁积日久的不满和愤恨，对弱者给予了极大的同情。本文语言幽默风趣，令人忍俊不禁。因是译文，语言习惯与汉语不太相同，再加上本文写于20世纪初，学生对那时的日本社会几乎没有了解，这给阅读课文带来了一定难度。

本单元的阅读训练重点是"欣赏名家笔下的艺术形象，体验阅读名著的乐趣"。教学时，要引导学生简要说说猫偷吃年糕的过程，体会猫偷吃年糕的有趣情景，揣摩猫的心理活动，从而感受"猫"这个弱者的艺术形象，进而感受作者表达的思想感情。教师要抓住一个"趣"字，引导学生深入阅读，让学生说说课文哪些情景滑稽可笑，为什么令人发笑；使学生在阅读、思考、讨论、交流中体会猫的有趣与辛酸，感受课文语言的生动与幽默。

【教学目标】

1. 有感情地朗读课文，理解课文主要内容，能用自己的话简要讲述猫偷吃年糕的经过。

2. 通过学习体会猫在偷吃年糕过程中，课文对猫的心理描写、动作描写的句子，感受作者对社会人情冷漠的不满，以及同情弱者的思想感情。

3. 结合文本，对学生进行小练笔和求异思维能力的训练。

【重难点】

1. 理解课文主要内容，学习课文心理活动、动作描写的表达方式。

2. 结合文本，对学生进行练说、练笔和求异思维能力的训练。

【教学准备】

1. 教学课件。

2. 学习材料。

【教学过程】

（一）课前热身，导入新课

（1）课件展示猫和年糕的图片，引导学生练习说话：你想用什么词语形容你眼中的猫、年糕？

（2）想象一下，如果猫和年糕在一起，会发生什么有趣的事？日本名作家夏目漱石先生写了一篇文章，他笔下的那只猫就碰上了这事儿，而且还从中悟出了几条"真理"呢！今天，让我们一起走进《我是猫》，一起来品味这个有趣的故事吧！

（二）"我会听"

（1）课件出示生字词，指名读，学生聆听。

（2）出示含有生字词的课文句子，指名读，学生聆听。

（三）"我会说"

（1）自己练说：要求学生练习用自己的话简要说说猫吃年糕的经过。

（2）同桌互说：同桌互相说说猫吃年糕的经过。

（3）全班分享：指名同学分享猫吃年糕的经过。

（四）"我会读"

1. 初读课文，合作完成学习单

课文中的猫在吃年糕的过程中一连"发现"了三条"真理"，默读课文，根据下面的提示填写空白的部分。

2. 汇报读课文，学习第2自然段

（1）指名汇报朗读，描写猫见到年糕时心理活动的句子。

（2）指名汇报朗读，描写猫见到年糕时悟到的第一个真理。

3. 汇报读课文，学习第3、4自然段

（1）指名汇报朗读，描写猫吃年糕时心理活动的句子。

（2）指名汇报朗读，描写猫吃年糕时悟到的第二个真理。

4. 汇报读课文，学习第5、6自然段

（1）指名汇报朗读，描写猫拔年糕时心理活动的句子。

（2）指名汇报朗读，描写猫拔年糕时悟到的第三个真理。

5. 再读课文，品味句子

（1）默读课文第2~6自然段，找一找课文里让你发笑的句子，做好批注，说说你从这些句子里，看到了一只怎样的猫。

（2）学生与文本对话，做批注。

（3）指名汇报分享，教师点评。

（五）"我会写"

出示课文插图，学生阅读第7、8自然段。

（1）这两段话，主要进行了什么描写？（语言描写）

（2）观察插图，你看到了一只怎样的猫？你能用心理活动和动作描写的方式写一写这只猫吗？

（3）学生练写，教师巡视。

（4）指名汇报，分享小结。

（六）课堂总结

1. 描写方法

心理描写、动作描写。

2. 本文的写作特点

（1）运用拟人化的手法来写。

（2）运用心理活动、动作描写刻画猫的性格特点。

（3）语言幽默、风趣。

（七）板书设计

27. 我是猫

见年糕

吃年糕　　　动作描写、心理描写、语言描写

拔年糕

附件：《我是猫》先学作业

1. 阅读课文，尝试概括课文的主要内容。

2. 你觉得课文里描写了一只怎样的猫？

3. 阅读《我是猫》选段。

我是猫，还没有名字。

我不知道自己出生在哪里，只恍惚记得自己在一个昏暗、潮湿的地方，"喵喵"地叫唤个不停。我在那儿第一次见到了人这种怪物。后来听说，我第一次看到的那个人是人类中最恶毒的，叫作"书生"，传闻这些书生时常把我们抓来煮了吃。不过，当时我还小，根本不知道害怕，只是当书生把我放在手心上，"嗖"地举起来的时候，我感觉有点晕晕乎乎的。我在书生的手掌上，稍定了定神，才看清这个面孔，这就是我头一次见到的叫作人类的怪物。"人真是个怪物！"这种感觉直到现在还深深地留在我的记忆中。首先，那张本应长着毛的脸竟然光溜溜的，就像个烧水壶。后来我也遇到过不少咱猫族成员，可是从不曾见过有哪一只残废到如此地步。而且，他的脸中央过分凸出，更奇妙的是，从那个凸起的黑窟窿里还不时喷出烟雾来，我都快被烟雾呛晕了。直到最近，我才知道原来这玩意儿就是人类抽的烟。

我舒舒服服地卧在书生的手心里，可是没过一会儿，便觉得自己飞快地旋转起来。我不知道是这书生在转动呢，还是我自己在转动，只觉得头晕眼花，胸口难受，正想着这下子准没命了，只听见"咚"的一声响，我两眼立刻冒出了金星。我只记得这些，这之后是怎么回事，死活也想不起来了。

等我清醒过来，那个书生已经不见了。原先那些兄弟姐妹也一个都没有了，就连我最依赖的妈妈也不知去向。而且，这里和我原来待的地方不一样，亮得刺眼，简直睁不开眼睛。"这是什么地方？怎么全都变样了呢？"我这么想着刚爬了几步，就感到浑身疼痛——原来我是被人从稻草上扔到竹丛里了。

我拼死拼活地从矮竹丛里爬了出来，看到对面有个大大的池塘。我坐在池塘边思考起来："我现在该怎么办呢？"我一时想不出什么好法子来。忽然想到倘若多哭一会儿，那个书生兴许还会来找我的。我就试着"喵喵"地叫了半天，却不见有人来。不久，池面哗啦哗啦地刮过阵阵凉风，天色渐渐暗下来了。我的肚子饿瘪了，想哭也哭不出声来。万般无奈，我决心去找一个有吃食的地方，只要是吃食就行。于是我慢慢地沿着池塘从左往右绕行过去。稍微一动弹，浑身就疼得受不了，我咬紧牙忍着痛，拼命地往前爬，总算爬到了一个好像有人家的地方。我想只要爬进去，就会有活路的。于是我从竹篱笆的破口钻进了住宅。缘分这东西真不可思议，假如篱笆上没有破洞，我很可能会饿死在路旁。俗话说得好："一树之荫，前世之缘。"这篱笆上的破洞，直到今天，依然是我去拜访邻居三毛姑娘的通道。言归正传，我钻进那个宅院之后，不知道接下来该怎么做。眼看天色就暗下来了，我肚子里没食，天气很冷，偏偏又下起了雨，片刻也不能再耽搁下去了。无奈之下，我姑且朝着那又明亮又温暖的地方爬去。现在回想起来，当时我已经进入这户人家的房子里面了。

（1）写写你读了上面文段的感受。

（2）边读边做批注，画出你觉得精彩的语句。

第六章

"五环多维"思维型课堂教学
范式的解读与实践应用

如果脑简单到能让我们理解，我们的思维就会简单到不能理解脑。

——莱尔·华特森

第一节　脑科学发展简史

　　人类对脑科学的研究可以追溯到文艺复兴时期，现在已有500多年的历史了。脑科学与教育的联系是受国际科学家们重视的新兴研究领域。20世纪90年代是脑科学研究的辉煌十年，美国、欧洲共同体等提出了"脑的十年"，人类社会重新迎来一个崭新"脑科学的时代"。在这十年里产生了许多与脑相关的研究成果，超过了以往历史的总和，更令人欣喜的是还产生了许多意想不到的突破性进展，例如，脑成像技术使观察人脑学习活动的动态过程成了可能，这些成果引起了将脑科学与教育相结合去探寻学生的学习规律的研究。

　　什么是脑科学？脑科学有狭义与广义之分。狭义的脑科学通常指神经科学。广义的脑科学是一门研究脑结构与脑功能的科学，与我们密切相关的有："脑是如何进行学习和记忆的？""脑是如何传递信息的？""脑是如何产生感觉、意识、动机和情绪的？"

　　脑科学的发展历程可划分为启蒙阶段、萌芽阶段、开拓阶段、大发展阶段。脑科学的发展正在加速改变世界，近30年来，脑科学的研究成果已经越来越多地被应用在教学领域，脑科学不仅为教学理论与教学实践提供了新的理论支持，还给教学变革带来了新的影响。

　　有的教师也许会认为，研究脑科学是科学家的事，但并不是说脑科学与一线教师无关。纵观过去，学校教育一直是以教育学、教育心理学为基础的人文学科，由于脑科学的研究和发展，目前形成了自然科学与人文科学、社会科学和艺术的互相架构、融合的趋势，其中最典型的研究领域就是"脑科学与教育"。我们可以从"脑科学与教育"这个研究领域的研究成果，多了解脑科学的知识，受到脑科学研究成果的启发后，可以改变现在的教学方法。

首先，大脑皮层可分为不同的区域，这些区域分别负责不同的功能。根据前人的研究成果，科学家把大脑皮层分为几个功能区域：精神功能区、视觉区、听觉区、机体感觉区、语言区等。大脑各部位的功能也有所不同，它们各司其职，如：额叶皮质，负责处理思考；颞叶，脑中的语言中心；运动皮质，控制活动；颅顶叶，负责处理特殊才能；后顶叶，视觉中心；小脑，调整姿势和平衡的一个关键部位；守门员，蜂窝状组织的简称，它就像是人的控制中心，负责将所接收的信息转送到正确的目的地。大脑的左、右边所强调的部分也各不相同，左半边负责语言、逻辑、数学、顺序、因果、文字，右半边侧重节奏、旋律、音乐、图画、想象力、图案。21世纪脑科学与教育研究成果的发展，让我们了解到学习和教育与脑科学有着密切的关系，人类的思考力、判断力、创造力等的基础是脑的高级机能。许多教育实践者依据脑科学的研究成果探索出如全脑教育、开发右脑机能、速读、速听等增强学习记忆力和开发脑的各种训练方法，这赋予了教育变革的能量。

作为一线教师，如何运用脑科学的研究成果指引实践教学工作？脑科学的研究成果启示教师要遵循大脑发展的自然规律，通过对大脑的塑造，为社会培养人才，增强学生的学习能力，提高其学习效率。

第二节　脑科学与语文教学之间的联系

　　如何运用脑科学的研究成果有效指导日常语文课堂的教学？脑科学与语文教学有什么联系？语文核心素养包括语言建构与运用、思维发展与提升、审美鉴赏与创造、文化传承与理解。训练活动是指有计划、有步骤地学习和辅导掌握某种技能，有意识地使学习者发生生理反应，从而改变学习者的素质、能力。可见，通过日常的"听、说、读、思、写"等训练活动可以训练大脑各区域的发展。

一、语言建构与运用

　　语言建构与运用是指学生在语言实践中，通过自主的积累、梳理、整合，逐步掌握语言文字的特点和运用规律。在语文课堂中，教师通常设计"听、说、读、写"的语文训练活动，与脑科学联系起来看，学生的"听"主要依靠大脑颞叶听觉皮层和语音辨别皮层区域（威尔尼克区）对语音进行分辨和理解。在语文课堂教学中，通过"听"的训练，有效发展学生的大脑颞叶听觉皮层和语音辨别皮层区域。教师根据文本中的语言文字训练点，有意识地设计说话练习，让学生进行口头表达训练，表面上看学生是在进行口语表达，实际上"说"能对语言运动中枢（布洛卡区）进行刺激，通过训练让这个区域得到发育。语文教学都很关注读，但一些学生却不喜欢读，因为读是一种枯燥乏味的事情，但是长期的"读"能对大脑的枕叶视觉皮层、颞叶听觉皮层、视听联合的角回区域以及语言运动皮层的广泛神经回路进行刺激，促使大脑发育，所以，读并不仅仅是为了练习有感情的表达，也不仅仅是为了获得某种文学知识，多读书，可以让人有一颗聪明的大脑。写字是手部精细动作，需要大脑调动多区域共同参与，实现各部分的相互协调。因此，写字也能促进大脑的发育。一个学生的语言建构与运用过程就是对大脑各皮层进行刺激并促进其发育的过程，只有不断训练，才能让人拥有聪明的大脑。

二、思维发展与提升

《义务教育语文课程标准（2011年版）》总目标第四条提道："在发展语言能力的同时，发展思维能力，学习科学的思想方法，逐步养成实事求是、崇尚真知的科学态度。"查阅相关思维研究发展的文献，了解到思维大致分为低阶思维与高阶思维，布鲁姆认知目标包括记忆、领会、运用、分析、综合、评价，其中前三个通常被认为是低阶思维，后三个被认为是高阶思维。其实这种看法不完全正确，这六个层次只是说明思维发展的一个过程，任何思维的发展都要经历从低阶到高阶的过程，不存在脱离了低阶思维的高阶思维。在课堂教学中，我们如何帮助学生发展与提升思维呢？在学生进行了低阶思维的训练进入高阶思维的训练时，这一环节是学生运用知识的过程。除了思维的高、低阶分类外，还可以看采用了何种思维方式，如理解抽象思维与形象思维、创造思维与模仿思维。思维的训练会刺激大脑的额叶区，促进大脑的发育，使大脑变得更聪明。

三、审美鉴赏与创造

审美鉴赏与创造在语文教学中是如何体现出来呢？首先"读美文和写美文"，通过对美文的阅读与创作，培养良好的审美能力。那审美鉴赏与创造和脑科学是否有关系呢？答案是肯定的，审美从知觉开始，以情感结束，知觉和情感都是认知活动的主要环节，以相应的神经结构为支撑。创造更与脑科学密切相关，人们在创造时，左脑和右脑都在发展，但是右脑具有更强的创造性思维，所以创造性的活动能刺激学生右脑的发育，让其思维更具创造性。

四、文化传承与理解

文化的传承与理解和脑科学是否相关呢？答案是肯定的。中华民族上下五千年的传统文化在开发学生大脑潜能上发挥了重要的作用。中华民族传统文化中蕴含着遵循脑思维发展的文化，中国的语言文字在儿童成长期内，会在儿童大脑内形成独特的符号，因为中国文字是一种图形文字，与其他在脑神经细胞中形成的模式与结构是不同的，它能促进大脑的发育。

第三节 运用脑科学的原理指导教学

学语文是否需要运用脑科学？答案是肯定的，可是长期以来，我们却没有思考脑科学对语文教学的重要意义及应用价值。张志公在《说工具》一文中说："语文是个工具，进行思维和交流思想的工具，因而是学习文化知识和科学技术的工具，是进行各项工作的工具。"传统的语文教学总是从教材编写是否合理、教学方法是否得当、教学设计是否合适等方面去研究，而忽略了对脑科学在语文教学中的运用的研究。随着科学技术的发展，脑科学的研究取得的成果显示，教育与脑的发育有着重要的联系，因此，我们有必要学习大脑的构造、功能，并从脑科学与教育教学方法中找到联结点，探索出能促进大脑发育的语文教学方法，从而推动语文事业的发展。大脑的构造与发展规律对语文教学有以下两点启示。

一、根据学生年龄特点进行语文教学

人们一直认为，人类的大脑在幼儿时期就停止了发育，不了解大脑的发育与教学的关系。脑科学的研究成果表明：7～12岁是大脑发育的最佳时期，大脑结构与机能、神经系统也进一步地完善。小学阶段是学生感知，包括听觉、视觉迅速发展的时期，低年级学生的行为特点主要表现为好奇心强、好动、喜欢模仿，大脑思维以直观、具体、形象为主要特点。因此，在设计教学时，主要采用游戏、动作、图片等方式，刺激低年级学生大脑的发育。中高年级学生的思维水平由形象思维过渡到抽象思维，但仍然以形象思维为主。虽然说6岁以后脑基本完全定型，但根据"用则发达，不用则废退"的原理，多学习、多阅读，大脑就会产生更多的树突，树突越多人就越聪明。兴趣是最好的老师，要想学生变聪明，先要让他对你所教的课程感兴趣。如果你教的课程索然无味，是无法引起学生的关注的，也无法让学习内容帮助学生成长。因此，作为小学阶段的语文教师，要根据小学生的年龄特点，选择适合小学生的语文教学方法，做好语文教育教学工作。不同年龄阶段，大脑在心理机能上就会有不同的行为表现，这表现为心理发展的阶段性与顺序性，语文教师应当根据不同年龄阶段的认知特点，采取不同的教学法，遵循大脑年龄的发展规律进行教学，这样能更好地提高语文教学质量，促进学生大脑的发育和思维的发展。

二、根据教材文本的体裁特点进行教学

除了因年龄的特点进行教育，还要做到因材施教。这里的"材"指的是文本，也就是教材。根据不同的文本体裁也可进行不同的教学设计。

（一）诗歌类文体的教学与脑科学

有的文本体裁适合吟诵，如诗歌就应设计富有趣味的吟诵活动，充分参与其中，在朗诵中体味诗歌的韵味，体味作者的感情，并进行创作。诗歌与散文能激活大脑，创作诗歌更能点亮大脑右侧的其他区域。

（二）记叙类文体的教学与脑科学

记叙类文体教学如何与脑科学相关联？记叙文通常用来记事，可以在学生充分阅读文本后，通过设计复述活动训练学生的语言表达能力和逻辑思维能力。因为语言输出的过程并不是与脑毫不相关，在输出语言的时候，大脑飞速运转，不断刺激语言中枢系统（负责控制人类进行思维和意识等高级活动）并进行语言的表达。语言中枢是人类大脑皮质所特有的，它在脑的左半球，左半球也被称为"优势半球"。传统的课堂都要求学生"小手放桌面，小眼睛看黑板，小嘴巴不说话"，殊不知这"小嘴巴不说话"，长期不说话会抑制学生的语言中枢，从而失去让左半球发育的好时机，所以在课堂上，不是让学生不说，而是要根据教材文本不同的体裁为学生创造"说"的机会，教师则在旁边引导学生提高"说"的质量，培养其说话表达的条理性，这也就是思维

逻辑性的显现。

（三）童话类文体的教学与脑科学

童话类课文的教学，可以在学生充分阅读的基础上，让其发挥想象力进行童话故事的创编，这一创编又与脑科学的什么原理关联呢？童话故事的创编可以培养学生的想象力，大脑的右半球是控制人的想象力的。右脑具有自主性，它能够对大脑储存的信息进行自动的加工处理，产生出许多创造性的信息。教师在课堂中设计创编故事类的语文活动训练时，会刺激学生的右脑进行思考，发挥想象力，把创意语言化，这样的语文教学想象力训练远比只对童话故事的认知讲解更能提高学生的创造力。

（四）习作类教学与脑科学

习作的内容有写人、写景、写物、写事等。不同类型的习作教学，在进行教学设计时，要先考虑这一类的作文与脑科学的哪些原理相关，不要在违背脑科学的原理下进行教学，因为违背了脑科学原理，不仅不会对学生的智力发育有所帮助，还会有所损害。习作看似是动手的事情，实际上是大脑语言中枢表达的外显过程，写作有助于训练学生思维表达的连贯性、系统性、逻辑性，并且在写作的过程中，还会调动其观察能力、想象能力、语言组织能力、分析能力、思考能力。写作是对大脑皮层的综合训练，德国格赖夫斯瓦尔德大学的神经学家马丁·洛策（Martin Lotze）教授，通过一个实验验证："人在写作时大脑里究竟发生了什么？"他们使用功能性磁共振成像仪器来实验，实验结果发现：在写作时，志愿者脑部的海马体和大脑的前部非常活跃。写作能让人的头脑变得清晰且更富有创造力。

因此，教师要根据不同的文本体裁，设计不同的学习活动，让学生大脑各皮层的发育得到良性刺激，从而促进大脑的发育。

脑科学原理显示：一节40分钟的课，前20分钟是大脑运作的高效期，中间是大脑运作的低沉期，最后10分钟，大脑又回归到第二个高效期。根据脑科学的这一科学理论，教师在设计教学时，要把需要学习的新知识、学习的重难点放在第一个高效期里，在第20分钟后，可以设计一些游戏式的教学活动让学生参与其中，这时学生的大脑通过肢体的运动，促进全身血液循环，从而使学生的学习效果有所增强。具体地说，在这个低沉期，可以有意识地设计一些活动，如小组学习、看视频、分角色朗诵、讨论等。创设氛围，激发学生的学习兴趣，提高学生的学习效率，使学生既能缓解大脑的疲惫，又能高效地完成学习任务。

第四节 "五环多维"思维型课堂的 内涵解读

一、"五环多维"思维型课堂的理论背景

2019年，《关于深化教育教学改革全面提高义务教育质量的意见》中提出：优化教学方式，注重启发式、互动式、探究式教学。加强教学管理，健全教学管理规程，规范教学行为。在"提高教育质量，培养创新型人才"的背景下，中小学如何进行教学实践改革？培养创新型人才是当前亟须讨论并深入调查的问题。

2020年，教育部等八部门《关于进一步激发中小学办学活力的若干意见》中提出：充分发挥教师课堂教学改革主体作用，鼓励教师大胆创新，改进教育教学方法，开展丰富多彩的教育教学活动，积极探索符合学科特点、时代要求和学生成长规律的教育教学模式。

《义务教育语文课程标准（2022年版）》在课程目标中明确：语文课程围绕核心素养，体现课程性质，反映课程理念，确立课程目标。并且对核心素养的内涵进行了明确界定。义务教育阶段语文课程培养的核心素养，是学生在积极的语文实践活动中积累、建构并在真实的语言运用情境中表现出来的，是文化自信、语言运用、思维能力和审美创造的综合体现。其中，"思维能力"是指语文学习中的联想、分析、比较、归纳、判断能力，特别要重视直觉思维、形象思维、逻辑思维、辩证思维和创造思维能力的培养。语言是重要的交际工具和思维工具，语言发展的过程也是思维发展的过程，二者相互促进。

创新是一个现代人应具备的素质，创新创造想要成功，需要掌握相对的专业知识，还必须发展创新思维。要培养学生的实践创新能力，首先就要培养他们的求异思维能力。在当今"提高教育质量，培养创新型人才"的背景下，中小学如何进行教学实践改革，是我们应当思考并践行的课题。同时，创新型人才的培养目标与传统课堂是不相符的，教师应更新观念，将培养创新思维融入课堂，为学生创新能力的形成打下基础。

因此，小学阶段的语文教学应当重视培养学生的思维能力，以统编版语文课文为载体，在教学活动中，创设求异思维训练活动，在活动中，发展学生的求异思维能力，从而提升学生的语文综合能力。

人思维的种类有很多种，根据思维的形态可以分为动作思维、形象思维、抽象思维等；根据探索问题答案方向的不同可以分为辐合思维、发散思维等；按照思维是否具有创造力可以分为再造性思维和创造性思维。"五环多维"思维型课堂教学主要是对学生的发散性思维进行训练，鼓励学生从不同方向探索问题，并在此基础上对发散性思维进行聚合性点评，这也是一个辐射性思维培养的过程。

二、"五环多维"思维型课堂的现实意义

语文学科作为思考的工具，是一切学科的基础，学习习惯、理解能力、素质品格皆源于此。课堂教学中，培养学生的思维能力是非常重要的。在"五环多维"思维型课堂中，"思"这一环节，主要是培养学生的求异思维。学术界把人的思维分为两大类，即"求同思维"和"求异思维"，求异思维是创造性思维最主要的特点，是测定创造力的主要标志之一。

思维是观察和发现事物间联系的大脑的思考活动，人观察到和发现的事物联系越多样、逻辑性越强，说明其思维层面越高阶。

求异思维（Divergent Thinking）最早是由美国心理学家吉尔福特提出的。求异思维，又称辐射思维、放射思维、扩散思维或发散思维，是指大脑在思维时呈现的一种扩散状态的思维模式，它表现为思维视野广阔，思维呈现出多维发散状。吉尔福特说过："凡有发散性加工或转化的地方，都表明发生了创造

性思维。"可见在现实生活中，如果一个人只会按一种固定模式思考和处理问题，是不会形成创新能力的。因此，教师要善于挖掘教材上具有探索性、多样化、答案不唯一的学习材料，积极寻求不同的思路，鼓励学生大胆猜测，打破思维定式，善于从多角度思考问题，让学生在求异中培养创新思维，精心为学生设计求异思维活动，引导学生多角度分析问题，这就能提高他们的创造性思维品质。

三、求异思维的理论内涵

（一）求异思维的概念

求异思维是在教学过程中，以教材为载体，积极发掘文本中适合对学生进行求异思维训练的语言文字材料，根据小学生的思维特征设计行之有效的求异思维训练活动，训练学生的求异思维能力，激发学生的创造力，完善学生的思维品质。

（二）求异思维的特征

1. 积极性

求异思维的积极性是指思维主体面对问题时能主动、积极地寻求不同的解题答案。中国语言文字内涵丰富，同一个字有不同的读音，有不同的含义，同一篇阅读文章，会给读者不同的看法和观点，俗话说："一千个读者，就有一千个哈姆雷特。"小学语文教师要对学生进行求异思维训练，要善于引导学生积极表达，大胆辩论和分享自己的观点与感受，产生思想的碰撞，形成智慧的火花。

2. 灵活性

灵活性又称变通性，是指思维随机应变，触类旁通，不局限于某一个视角或某一个方面，能从思维的某一方面跳到其他的方向、方面，从而形成多向思维。在现实生活中，很多学生（包括成年人）都习惯于固有的思维模式，缺少灵活性，不懂变通。因此，在语言文字的教学过程中，教师可以发掘可供学生进行求异思维活动的学习材料，训练学生思维的灵活性，从而提升学生的思维品质，培养创新型人才。

3. 多元性

求异思维的多元性是指思维方式多方发散、多路运行的特征。求异思维不同于一元性思维方式，一元性思维方式是一种单向思维，它限制求异的展开。在传统语文教学中，认为思维训练是数学学科的事，从而忽略学生的思维训练，错失了在语文教学中训练学生求异思维的机会，追求统一的教学模式，太过拘泥于统一的答案，从而让学生丢失了思想和观点的多元性，禁锢了学生的思维。因此，教师应鼓励学生进行多向思维，在语文求异思维训练的过程中，会开出绚烂的思维之花。

我在十多年语文课堂教学范式研究的基础上，在原有的"四环多维"乐学课堂教学模式（图6-4-1）的基础上，增加了"思"这一环节，构建成"五环多维"思维型课堂（图6-4-2），有意识地在语文课堂教学中，根据学生的年龄特点、学情，依据统编教材等，设计对学生进行求异思维能力训练的内容。实验证明，实验班学生在实验过程中，思维的流畅性、独特性、变通性有了质的变化，学习成绩也有所提升。

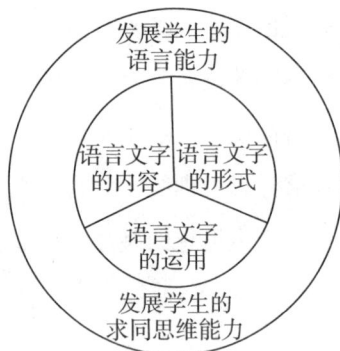

图6-4-1

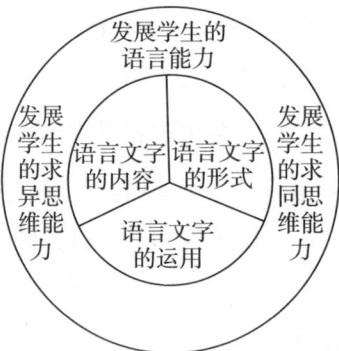

图6-4-2

四、"五环多维"思维型课堂的内涵

"五环多维"思维型课堂是在我十多年的实践研究成果"四环多维"乐学课堂教学模式的基础上改良形成的。

"四环多维"乐学课堂教学模式是把教学过程看成一个"四环多维"的立

体教学空间进行建构。"四环多维"是由听、说、读、写四个环节及师生互动、生生互动、生本互动等多维互动构成课堂教学的基本结构。

"五环多维"思维型课堂则是把教学过程看成五个环节构成思维型课堂教学的基本环节，分别是听、说、读、思、写，并且在"思"这一活动环节中，运用美国大卫·海勒（David Hyerle）博士的"八大思维图示法"之中的三个思维工具——圆圈图、气泡图、树形图，借助这三种思维工具训练学生的求异思维能力，使学生的求异思维能力得以发展，创新型人才得以培养。

五、"五环多维"思维型课堂的教学原则

（一）工具性和人文性相统一的原则

语文是最重要的交际工具，是人类文化的重要组成部分。语文课程的基本特点是工具性与人文性的统一，学生语文核心素养的形成与发展是语文课程致力追求的目标，从"双基"到"语文素养"再到"语文核心素养"是语文学科培养人才的过程。语文核心素养包括四个方面，即"文化自信""语言运用""思维能力""审美创造"。"思维能力"是语文核心素养中的一个，这证明"五环多维"思维型课堂是符合培养学生语文学科核心素养目标要求的。

（二）活动性与有效性相结合的原则

《义务教育语文课程标准（2022年版）》中明确指出：语文课程是一门学习国家通用语言文字运用的综合性、实践性课程。工具性与人文性的统一，是语文课程的基本特点。由此可见，语文是实践性很强的课程，应着重培养学生的语文实践能力，培养这种能力的主要途径也应是语文实践，不宜刻意追求语文知识的系统和完整。因此，语文教育应当积极倡导自主、合作、探究的学习方式，学生是学习和发展的主体。语文课程必须根据语文学习的特点和学生身心发展的需要，关注学生的个体年龄特点、个性差异，爱护学生的好奇心、求知欲，充分调动学生的自主学习意识和积极进取精神。根据以上要求，"五环多维"思维型课堂教学首先把语文学习看成语文实践，语文课堂不仅仅是知识的传授，要改变过去的分析课文的模式，更多地带领学生积极地参与"听""说""读""思""写"的语文实践活动。改变学生被动获取知识的方

式，让学生不再做一个被动接受知识的"容器"，让学生真正地参与到语文学习活动中来，才会促进学生语文核心素养的形成，这样的学习才具备有效性，只有学生亲自参与了学习，学习才会真正发生。

（三）梯度性与系统性相结合的原则

"五环多维"思维型课堂教学极具梯度性与系统性，这与《义务教育语文课程标准（2022年版）》要求每个年级所要掌握的语文知识和技能是相符合的。梯度性表现在纵向上，学生以"听""说""读""思""写"五个学习活动环节为载体，掌握语文学习能力，语文核心素养呈阶梯式、环环上升的发展状态。网状式表现在横向上，学生和教师并非互相独立的个体，在师生之间、生生之间、生本之间，形成网状式的辐射状态。"五环多维"思维型课堂教学，不管在纵向上还是横向上都表现为梯度性与系统性相融合，学生在这样的课堂里，更能有序地参与语文学习活动，各个学习活动环环相扣，既互相独立，又互相补充。例如，"听"是"说"的基础，"说"是"听"的延伸，"读"是"听""说"的深入，"思"又是"写"的铺垫。总而言之，"五环多维"思维型课堂教学中的五个环节，既独立存在，又相互依存。

六、"五环多维"思维型课堂的教学流程

（一）听

我在"四环多维"乐学课堂教学模式的实践研究中，发现接受过聆听训练和没有接受过聆听训练的学生是完全不同。在课题研究的实验班，没有接受过聆听训练的学生，当教师打开朗读音频时，他们表现出各种小动作，如左顾右盼、玩笔。同时，对于聆听训练，很多教师都不重视。可是聆听能力对学生而言是非常重要的，试想，一个学生连听课都不会，又怎能学习到知识呢？一个聪明的人，必定是一个擅长聆听的人。就像中国的汉字"聪"一样，耳朵总在听的人，才是聪明的人。结合我十余年的实践研究证明："聆听"对学生的语文核心素养的培养十分重要。

（二）说

说话也是表达的一种，是口语表达，它有利于学生整理语言，是书面表

达的基础。在"五环多维"思维型课堂中，在"听"的基础上，让学生带着问题，边听边理解，并进行练说。"说"这个环节的教学时间应控制在5分钟以内。这个环节的"说"也是有梯度性的，提出"说"的问题后，先让学生在小组内练说，然后再在全班分享。

（三）读

"读"的环节是语文课堂教学的"重要环节"，可现实中的语文课堂教学却极少听到学生的读书声，课堂上只有教师分析课文的声音。在"五环多维"思维型课堂里，每一次不同形式的"读"都是指向课文的重点内容和本单元的语文要素的，并不是为了读而读；同时，学生的读书活动形式是很丰富的，有默读、朗读、指名读、合作读、分享读、创意朗读等。只有学生参与到读中去，才能真正地激活他们的语感，才能真正地形成语文核心素养。

（四）思

"思"是"五环多维"思维型课堂的特色与亮点，对学生进行思维训练是与《义务语文教育课程标准（2022年版）》的课程目标相符合的。《义务语文教育课程标准（2022年版）》把思维能力的发展作为课程目标之一。思维能力是指学生在语文学习过程中联想想象、分析比较、归纳判断等认知表现，主要包括直觉思维、形象思维、逻辑思维、辩证思维和创造思维。思维具有一定的敏捷性、灵活性、深刻性、独创性、批判性。学生只有具有好奇心、求知欲，崇尚真知，勇于探索创新，才能养成积极思考的习惯。

从脑科学的研究中，我们了解到，小学阶段是大脑发育的一个关键期。因此，在"五环多维"思维型课堂中的"思"要求教师专注对学生的求异思维进行训练。过去我们的教学，要求学生任何问题都只有一个标准答案，久而之，学生便不敢提出不同的看法，不敢给出不同的答案。因此，在每节语文课里，教师需抽出5分钟的时间，根据统编教材、新课程标准及学生的学习情况，从每篇课文里挖掘一些能够对学生进行求异思维训练的语言文字训练点，设计一些学生感兴趣的求异思维训练试题，帮助学生提升其自身的求异思维水平。从2020年5月至2022年，经过将近两年的实践研究，我们由原来的求异思维训练"学本、读本"改良为《求异思维训练册》，并且与国家"双减"政策与时俱进。比如原来的"学本、读本"里面的题型比较复杂，学生不感兴趣，我们便对它进行了"大瘦身"，并且引用了三个思维工具，帮助学生进行求异思维的训练。

（五）写

"写"这一环节是在"思"的后面，它是在"思"的基础上进行的。这时的"写"是为学生的创新性思维的培养所服务的。因为在上个环节对求异思维训练的基础上，学生根据教师所设计的一个问题进行了求异思维训练，学生此时的思维状态是发散的。要完成一项创新发明，不是只有发散性训练就可以，也不是只有聚合性思维就可以，而是要经过思维从发散到聚合的过程。在学生进行求异思维训练后，思维处于发散状态的时候，教师再通过语言帮助学生分析、评价，对学生的求异思维训练情况进行点拨和小结，然后在此基础上，帮助学生进行"写"的训练，对学生在"思"的阶段产生的各种联想进行取舍，选择其中一种写下来，这个选择和练写的过程，相当于从求异思维过渡到聚合思维的过程，当学生的作品完成了，也就是完成了一次小小的创新发明之旅。

在2020—2022年间，我带领本校语文教师进行了关于在语文课堂实行"五环多维"思维型课堂教学范式的实践研究。在研究中，大量的实践案例、数据证明："五环多维"思维型课堂能更好地调动学生学习的积极性，让学生充分参与语文学习活动，在教师有目的、有计划的"求异思维训练"过程中，实验班学生的思维流畅性、独特性、变通性较非实验班的学生会有很大的区别。同时，"五环多维"思维型课堂通过课例、讲座的方式在广东省清远市连州市、阳山、连南等县区学校进行推广，得到了许多一线语文教师的认可，他们也进行尝试实践，取得了很好的效果。

第五节 "五环多维"思维型课堂的实践应用

一、农村小学语文课堂求异思维训练的现况

在教学实践过程中，"五环多维"思维型课堂第一课时"思"的环节主要以字、词、句的求异思维训练为主。求异思维训练的方法，主要有一字开花、换一换、加一加、减一减、词语接龙等。第二课时"思"的环节，主要以课后的习题作为训练学生求异思维的依据，还以课内的可进行求异思维训练的语言材料为依据。主要训练方法有图画法、借助词语法、卡片法、提问法、编故事法、画画法、朗读法、手抄报法、讨论法、续写法、仿写法等。结合小学语文统编教材，挖掘统编教材阅读课文中可供学生进行求异思维训练的训练点，设计成学生感兴趣的训练题，对学生进行求异思维训练。

二、求异思维训练在语文课堂中的实践运用

我们在认真研读教材的过程中，发现统编教材中有很多可对学生进行求异思维训练的训练点，我们主要从"字、词、句、段、篇"五个方面着手整理出求异思维训练内容，并设计出一系列训练内容和方法。

（一）字

从小学语文统编教材每一课的生字着手，从生字的字音、字形、字义方面进行梳理，整理出这样的方法：在字音方面，可以对生字的字音进行求异思维训练，训练的方法有找同音字、找多音字两种；在字形方面，可以对生字的结

构进行求异思维训练，训练的方法有找结构相同的字、找偏旁相同的字、找字形相近的字；在字义方面，可以对生字的含义进行求异思维训练，训练的方法有找字义相同的字、找字义相反的字。

（二）词

从小学语文统编教材每一课的词语着手，从词语的结构、含义、运用三个方面进行梳理。在词语结构方面，可以对词语的结构进行求异思维训练，训练的方法有写出结构相同的词语，如写ABB式、ABAC式、ABCC式、ABCD式等词语；在词语的含义方面，可以对词语的含义进行求异思维训练，训练的方法有找意思相近的词、找意思相反的词；关于词语的运用可以进行求异思维的训练，引导学生体会同一个词语在不同语境的不同意义，然后对其进行运用。

（三）句

从小学语文统编教材中每一课的句子着手，从句子的结构、用途两个方面进行梳理。可以对句子的结构进行求异思维训练，训练的方法有扩句训练以及运用疑问句式、陈述句式、反问句式等；可以对句子的用途进行求异思维训练，训练的方法有运用同一种修辞手法描写不同的事物，以及对同一事物运用不同的修辞手法进行描写。

（四）段

从小学语文统编教材每一课的段落着手，从段落的结构、作用进行训练，可分为四种方式：第一种是对重点段落的结构进行仿写，运用同样的结构去描写其他的事物；第二种是对重点段落的结构进行改写，引导学生思考，这种段落结构除了这种表达方式，还有什么其他的表达方式；第三种是对重点段落结构进行续写，发挥学生的想象力，进行求异思维训练，想象故事的结局并将它写出来；第四种是对重点段落进行改写，进行求异思维训练，思考除了这种表达方式，还有哪些表达方式，试着用不同的方式进行改写。

（五）篇

对课文篇章的训练，主要是以类文的方式进行积累，课题组在课题研究过程中发现：学生一定量的阅读积累是进行求异思维训练的基础，没有一定量的阅读积累，再多的求异思维训练也是徒劳无功的。在"五环多维"思维型课堂

"读"的环节，对学生进行类文阅读的训练，让学生了解描写一件事、一个物品，除了运用课文中的写作方法，还可以运用其他的写作方法。类文阅读也是一种求异思维训练，课题组在课题研究过程中，与统编教材相配套，为学生收集了共208篇阅读类文，其中有说明文、诗歌、寓言、记叙文等。类文阅读可以在课堂进行拓展阅读，也可以在课后进行延伸阅读。求异思维能力训练内容的选择和应用，见表6-5-1。

表6-5-1

求异思维 训练类别		求异思维 训练内容	求异思维训练应用	求异思维训练题型
字	字音	同音字	1. 找同音同形字 2. 找同音异形字	1. 写出和它读音相同的字 2. 写出读音相同、字形不同的字
		多音字	写出多音字	这个字还有哪些读音
	字形	形近字	1. 换偏旁，组成新字 2. 写出结构相同的字 3. 找形近字	1. 把下面的字换偏旁，组成新字再组词 2. 找出和它结构相同的字 3. 找出和它字形相近的字
	字义	字义相近	写近义词	写出和这个字意思相近的字
		字义相反	写反义词	写出和这个字意思相反的字
词	词形	词的结构	仿写词语	仿写词语，看谁写得多
	词义	词的含义	1. 同义词 2. 反义词	1. 写出意思相近的词 2. 写出意思相反的词
句	句的 类型	句的结构	仿写句子	运用相同或相反的句式，描写一种事物
	句的 用途	句的作用	运用修辞手法写句子	仿写句子，描写一种事物
段	段的 形式、 作用	段的结构	改写段落	改写故事的结局
			仿写段落	仿照段落，描写一种事物
			续写段落	发挥想象，续写段落
篇	类文	记叙文、 说明文、 诗歌等	类文阅读	类文阅读

三、求异思维训练的思维工具

如果在课题研究的过程中，我们仅仅停留在运用以上的方法对学生进行思维训练，这样还只是传统意义上的思维训练方法，并没有突破性进展，这也是"语文求异思维"的研究瓶颈，我们一直在寻找一种可供学生进行求异思维训练的思维工具。

思维工具是那些能有效影响思维抽象活动、提高思维效能、延伸思维深度，能把抽象思维过程具体并可视化的一类方法技能的总称。美国著名思维教育专家大卫·海勒博士在1988年提出思维导图（Thanking Maps）。它包括八种思维可视化工具，分别是圆圈图、气泡图、树形图、桥形图、双气泡图、括号图、流程图、复流程图。对这一系列的思维工具进行了解、学习和筛选，最后根据农村地区学生的学情和求异思维训练的需要，我们选取了圆圈图、气泡图、树形图，结合统编语文教材，借助三大思维导图法，在学生学习的过程中，让他们将自己的思维可视化，这样进行求异思维的训练，帮助他们养成良好的思维习惯，见表6-5-2。

表6-5-2

求异思维训练的内容	求异思维训练的应用	思维训练工具的作用
描写同一事物的词语	圆圈图	圆圈图的作用是罗列事物的各种角度，训练创造性思维，培养思考问题的全面性和全局观
描写同一事物的形容词	气泡图	气泡图的作用是增强学生使用形容词描述事物特征的能力，是帮助学生认识事物的有效工具
描写同一类事物的词语	树形图	树形图的作用是对零散和数量繁多的事物进行分类

（一）圆圈图的内涵及其运用

1. 圆圈图的内涵

圆圈图可以帮助人们从事物的各种角度进行思考，帮助人们进行求异性思维的训练进而培养创造性思维，帮助人们养成稳定的多方面思考问题的思维模式。圆圈图适用的地方很多，如可以在头脑风暴、联想、想象这些方面进行，它是训练求异思维的"思维支架"。

2. 圆圈图的运用

在语文教学中，如何借助圆圈图进行求异思维的训练呢？我们借助语文教学中的一些案例加以说明。如四年级下册第15课《白鹅》一课（图6-5-1），设计这样一个问题："当你看到这只大白鹅时，你能联想到什么四字词语？将想到的词语填到下面的圆圈图里。"这个过程，就是对学生进行求异思维训练的过程。如果没有圆圈图，可能学生只会写一个愿望，但是因为有了圆圈图，既可以激活学生的发散性思维，又能够帮助学生把思维的过程可视化，通过"圆圈图"可以直观地看到学生思维的发散程度。

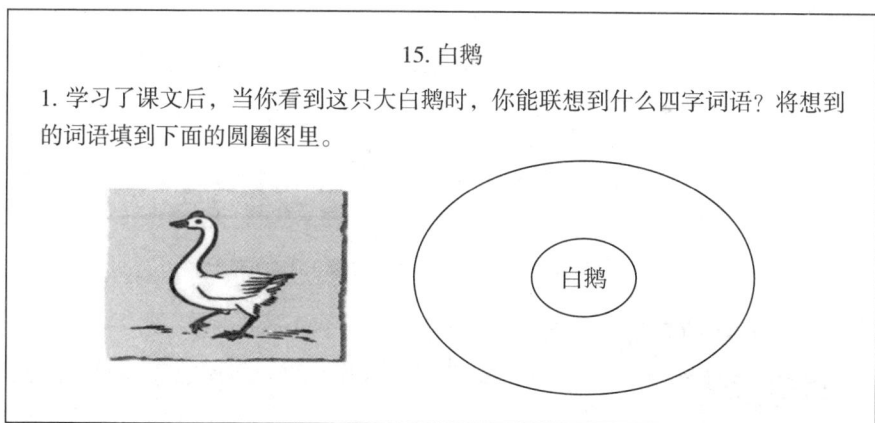

图6-5-1

（二）气泡图的内涵及其运用

1. 气泡图的内涵

气泡图主要使用形容词、形容词性短语来描述物体，主要用于描述事物的性质和特征，侧重对一个概念的特征描述，它能帮助学生学会使用丰富的形容词。气泡图的中心圆圈内写下被描述的物体，外面的圆圈写下描述该物体的形容词或短语。

2. 气泡图的运用

在语文教学中，如何借助气泡图进行求异思维的训练呢？借助语文教学中的一些案例加以说明。例如，四年级下册第13课《猫》这一课，在学生的求异思维训练册中，设计了这样一道求异思维训练题："当你看到'猫'这个词，你会联想到什么词语？把你联想到的词语填在气泡图里。"学生不仅完成了"气泡图"，还透过"气泡图"形象地向我们展示了他们思维的可视化的过程（图6-5-2）。

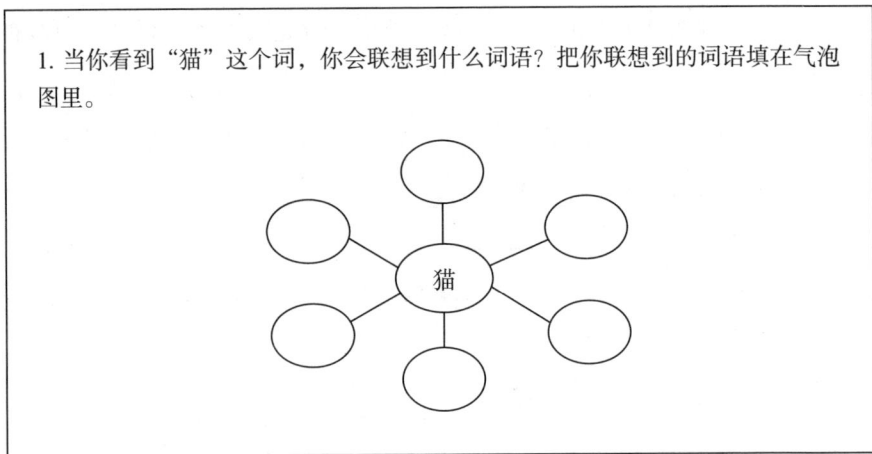

1. 当你看到"猫"这个词，你会联想到什么词语？把你联想到的词语填在气泡图里。

猫

图6-5-2

（三）树形图的内涵及其运用

1. 树形图的内涵

树形图主要是对事物进行分组或是分类。在最顶端写下被分类的事物，下面写该事物的不同类别。在课题实践研究过程中，我们感受到树形图既可以对学生进行发散性思维的训练，也可以帮助学生进行聚合性思维的训练。

2. 树形图的运用

在语文教学中，如何借助树形图进行求异思维的训练呢？借助语文教学中的一些案例加以说明。如在四年级下册第11课《白桦》中，通过设计树形图，让学生对词语进行仿写和归类练写。在树形的最上端写上"四字词语",然后在下面让学生仿写词语,完成树形图的过程,不仅帮助学生形成多角度、多方向思考的思维习惯,还能把学生思维的过程可视化(图6-5-3)。

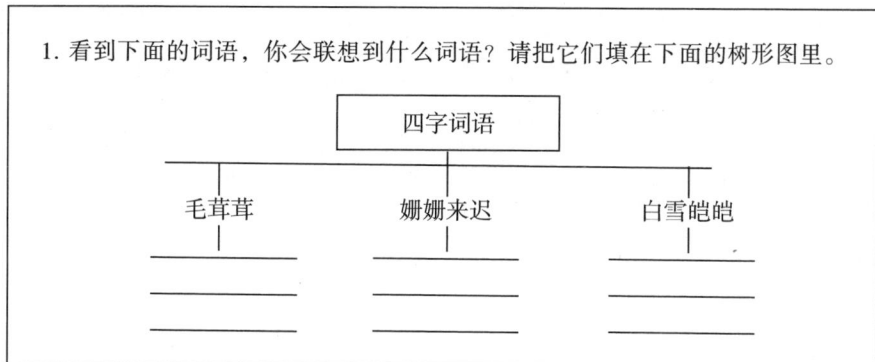

图6-5-3

四、求异思维写作训练

语文是一门基础性学科,除了要求掌握语言文字的基础知识之外,还要求培养学生的思维能力。求异思维是开发创造潜能的核心。因此,关于求异思维的训练,仍处于初步探索阶段,但教师一定要充分认识到学生语文求异思维训练的重要性,想方设法,以课文为载体,因地、因时、因人制宜创设适合学生求异思维发展的活动,让学生在活动中学习语言文字、发展思维能力、提升思维水平。

第六节 "五环多维"思维型课堂的 实践案例

23《鸟的天堂》第二课时教学设计

【教学目标】

1. 认识"桨""桩"等生字,会写"桨""榕"等11个字,会写"陆续""白茫茫"等10个词语。

2. 朗读课文,理解作者为什么说"'鸟的天堂'的确是鸟的天堂"。

3. 能说出"鸟的天堂"在傍晚和早晨不同的景色特点,初步感受静态描写和动态描写,能用不同的语气和节奏朗读相关段落。

【教学重难点】

1. 朗读课文,理解作者为什么说"'鸟的天堂'的确是鸟的天堂"。

2. 能说出"鸟的天堂"在傍晚和早晨不同的景色特点,初步感受静态描写和动态描写,能用不同的语气和节奏朗读相关段落。

3. 学会运用静态和动态描写一个场景,进行求异思维训练。

【教学准备】

准备资料:多媒体课件,学习单。

【教学过程】

（一）课前导入

播放视频，了解"鸟的天堂"，导入新课。

（二）听

指名学生朗读第7、8自然段，思考：聆听了同学的朗读，你看到了一棵怎样的大榕树？

（三）说

同桌探究：聆听了同学的朗读，你看到了一棵怎样的大榕树？尝试用一些词语来概括。

指名反馈：

我看到一棵（　　　）和（　　　）的榕树。

（四）读

1. 学习第7～9自然段

（1）学习第7自然段

①分享读：指名读描写榕树"大"的句子。

②说说你是从哪些关键词体会到榕树的"大"的。（大、不可计数）

③你觉得哪个词语用得特别生动？（"卧"运用了拟人的修辞手法）

④角色朗读：戴上头饰，指名朗读第7自然段。

（2）学习第8自然段

①分享读：指名读描写榕树茂盛的句子。

②你从哪些关键词体会到榕树的茂盛？

③这棵大榕树，虽然有500多年了，可是依然具有旺盛的生命力，说说你还能从哪些句子感受到榕树具有旺盛的生命力。

④有感情朗读：假如你是游客，当你看到这株大榕树，你会发出怎样的赞叹呢？（这美丽的南国的树！）

⑤角色朗读：戴上头饰，指名朗读第8自然段。

（3）学习第9自然段

① 快速浏览第9自然段，讨论：在傍晚的时候，第一次去"鸟的天堂"，为什么没有看到一只鸟？

② 指名回答。

小结：第7～9段所写的第一次傍晚的时候去"鸟的天堂"却没有看到一只鸟，只看到一棵静寂的大榕树，巴金爷爷对这棵静寂的大榕树的描写，属于静态描写。

过渡：假如你是树丛中的一只鸟儿，巴金爷爷来到"鸟的天堂"，却没看到一只鸟，你想怎样安慰巴金爷爷呢？鸟儿有没有欺骗"我们"呢？第二天"我们"再次经过"鸟的天堂"是不是真的有很多鸟儿呢？请同学们带着疑问，小组合作探究学习第10～13自然段。

2. 小组合作探究学习第10～13自然段

（1）小组合作学习第10～13自然段。

① 小组完成学习任务单。

② 小组汇报学习任务单。

③ 指导感情朗读。

④ 小组练习感情朗读，展示。

（2）初步认识动态描写的写作方法。

小结：那"鸟的天堂"的确是鸟的天堂啊！

3. 拓展阅读

（1）拓展阅读课后阅读链接。

（2）教师点拨：留意观察生活，发现生命中的美好。

过渡：生命无处不是生命，在鸟的天堂里，也是无处不是生命。

（五）思

这里仅仅是鸟的天堂吗？这里还是哪些小动物的天堂？请把小动物的名称写到圆圈图里。

讨论：选择其中一种小动物，引导学生说话。

（六）写

（1）课件展示图片，学生练说。

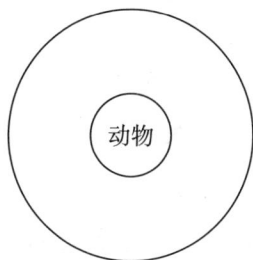

（2）借助支架，学生练写。

（3）指名分享，教师点评。

（七）课堂总结

（1）学生谈收获。

（2）教师总结。

（八）板书设计

23.鸟的天堂

大榕树	鸟
"鸟的天堂"（的确）	鸟的天堂
静态描写	动态描写

附件：学习单

一、小组合作探究学习

小组快速浏览第10～13自然段，合作完成下表。

小鸟声音的变化：

静寂	

小鸟数量的变化：

一只			

小鸟动作的变化：

站着叫		

二、运用从静态到动态的描写，从声音、数量和动作的变化，对你喜欢的事物进行描写

起初（　　　）。后来（　　　）。我们把手一拍，便看见（　　　）。接着又看见（　　　）。我们继续拍掌，（　　　）热闹了，到处都是（　　　），到处都是（　　　）。大的，小的，花的，黑的，有的（　　　），有的（　　　），有的（　　　）。

13《猫》教学设计

【教学目标】

1. 认识6个生字，读准"屏""折"2个多音字，会写15个生字，会写10个词语。

2. 默读课文，感受猫的可爱，有感情地朗读课文。

3. 体会第2自然段写法上的特点，并尝试练笔。

4. 体会不同作家对猫的喜爱之情。

【教学重难点】

1. 体会第2自然段写法上的特点，并尝试练笔。

2. 体会不同作家对猫的喜爱之情。

【教学课时】

两课时。

【教学过程】

第一课时

（一）课时目标

（1）认识6个生字，读准"屏""折"2个多音字，会写15个生字，会写10个词语。

（2）默读课文，感受猫的可爱，有感情地朗读课文。

（3）厘清课文层次，能感受猫的古怪和淘气，体会总分式结构在表达中的作用。

（二）课堂导入

（1）师生谈话：（课件展示猫的图片）结合生活，说说对猫的了解。

（2）教师总结：猫——聪明灵活，行动敏捷。

师：今天我们就来学习著名作家老舍先生写的课文《猫》。（简介作者）老舍先生一生除了写作之外，还有两大爱好——养花和养猫。现在，我们一起来认识老舍先生家里的猫。（出示课文插图）向它打个招呼吧！

（三）听

聆听课文朗读，思考问题：这篇课文写了什么？你仿佛看到了一只怎样的猫？

（四）说

（1）学生练说："我"仿佛看到一只××的猫。

（2）指名分享，师生点评。

（五）读

教师出示生字词，学习生字。

（六）思

当你看到"猫"这个字时，你会联想到什么词语？

（七）写

把你联想到的词语填在气泡图里（图6-6-1）。

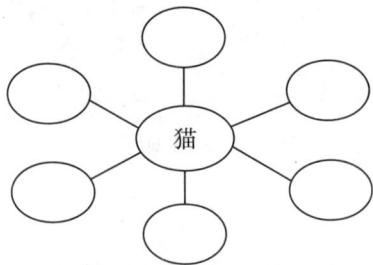

图6-6-1

第二课时

（一）课时目标

（1）体会第2自然段写法上的特点，并尝试练笔。（重点）

（2）体会不同作家对猫的喜爱之情。（难点）

（二）课堂导入

（1）听写本课词语表中的词语。

（2）回顾：课文围绕猫写了哪两部分内容？（"古怪"又"淘气"）

（三）听

指名学生朗读第1自然段，思考：这一段讲了什么内容？（猫的性格有些古怪）

（四）说

课文中哪些段落是写猫的性格古怪的呢？

（五）读

1. 学习第1~5自然段

（1）学习第2自然段。

① 指名读第2自然段，思考：这一段讲了猫的哪些性格？（既老实又贪玩，既贪玩又尽职）

② 指名读读描写猫性格老实的句子，思考这个句子哪里写得好。（拟人）（无忧无虑、不过问）

③ 指名读读描写猫性格贪玩的句子，思考这个句子哪里写得好。（任

凭……也）

④ 指名读读描写猫性格尽职的句子，思考这个句子哪里写得好。（非……不可）

（2）学习第3自然段。

① 指名读第3自然段，思考：这一段讲了猫的哪些性格？从哪些地方看出作者对猫的喜爱？（既温柔可亲，又极其冷漠）

② 指名读读描写猫性格温柔可亲的句子，思考这个句子哪里写得好。（动作描写）（拟人、比喻）

③ 指名读读描写猫性格极其冷漠的句子，思考这个句子哪里写得好。（一声不出）

（3）学习第4自然段。

① 指名读第4自然段，思考：这一段讲了猫的哪些性格？（既胆小，又勇猛）

② 指名读读描写猫性格胆小的句子，思考这个句子哪里写得好。（拟人）

③ 指名读读描写猫性格勇猛的句子，思考这个句子哪里写得好。

（4）小结。

① 谈谈你的收获：学习了第1～4自然段，你感受到猫是一种怎样的动物？

② 指名读第1～5自然段。

2. 小组合作学习第6自然段

（1）小组合作朗读第6自然段，讨论：这段话写了猫的什么性格特点？尽管小猫是这样的淘气，作者老舍先生还是很喜欢这只小猫，你从哪些语句可以感受到作者对猫的喜爱之情？

（2）课文围绕猫的可爱讲了多少层意思？（猫的古怪和淘气）

（3）类文阅读。

① 学生打开求异思维训练手册，进行类文阅读。

② 指导学生思考：本课的课文与类文在表达上有什么不同？

③ 学生分享阅读感受。

（六）思

求异思维训练：学习了课文，你觉得猫是一种怎样的动物？

（七）写

学生练写：你会把你心中的猫用文字写下来吗？

（八）课堂总结

这是一篇描写猫的文章，作者老舍用通俗晓畅的语言细致、生动地描述了猫的古怪和它满月时的淘气可爱，全文字里行间流露出作者的爱猫之情。

（九）教学板书

13. 猫

古怪 ── 长大后 ── 猫 ── 满月时

老实又贪玩
贪玩又尽职
……

可爱
摔倒又起来
撞疼也不哭
……

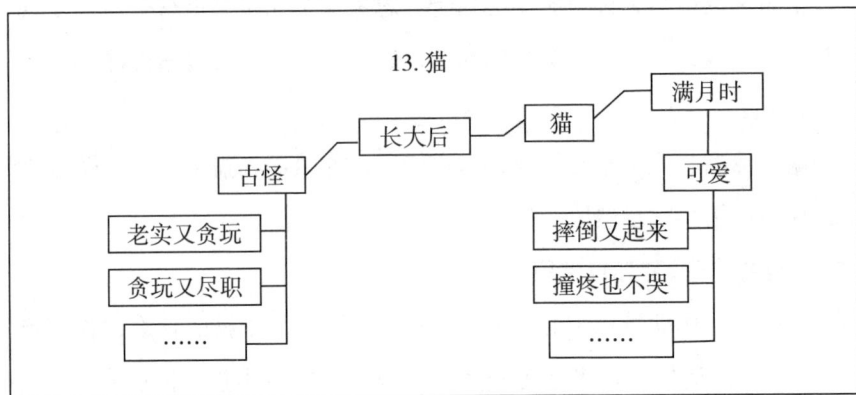

16《海上日出》教学设计

【教学目标】

1. 认识"扩""刹"等3个生字，会写"扩""范"等9个字，读准多音字"荷"，会写"清静""浅蓝"等11个词语。

2. 默读课文,能复述海上日出的壮观景象,体会作者对海上日出景象的赞美之情,并从中受到美的熏陶。

3. 学习作者按照一定顺序观察事物的方法,欣赏文中质朴而优美的语言。

【教学重点】

默读课文,能复述海上日出的壮观景象,体会作者对海上日出景象的赞美之情,并从中受到美的熏陶。

【教学难点】

学习作者按照一定顺序观察事物的方法,欣赏文中质朴而优美的语言。

【教学过程】

第一课时

（一）课堂导入

（1）教师出示海上日出的图片,学生欣赏谈感受。

（2）今天,我们来学习著名作家巴金先生的《海上日出》。（板书课题）

（3）作者简介。

巴金（1904—2005）,原名李尧棠,字芾甘,四川成都人,现代著名作家。他是我国20世纪最有影响力的作家之一,被授予"人民作家"荣誉称号。巴金一生创作了大量的小说、散文,翻译了大量的外国作品。主要作品有"激流三部曲"（《家》《春》《秋》）和"爱情三部曲"（《雾》《雨》《电》）等。

（二）听

聆听课文朗读,画出不认识的字词和你喜欢的好词好句。

（三）说

（1）组内交流不认识的字词。

（2）全班分享喜欢的好词好句。

（四）读

1. 出示生字词语，指名认读

重点指导"范""荷""刹"的读音。

2. 再读课文，整体感知

（1）作者围绕"海上日出"写了哪几部分内容？

第一部分（第1自然段），写"我"观看日出的时间、地点和周围环境。

第二部分（第2~5自然段），写"我"所看到的天气晴朗时和天空有云时海上日出的景象。

第2自然段：写日出前天空色彩的变化。

第3自然段：写由露出小半边脸到完全跳出海面时奇妙而壮观的景象。

第4自然段：写天空有云堆时海上日出的景象。

第5自然段：写天边有黑云时海上日出的景象。

第三部分（第6自然段），赞叹海上日出是伟大的奇观。

（2）指名读第1自然段：你有什么体会？（突出"常常"和"早起"）

（3）出示第6自然段，齐读。"这不是很伟大的奇观吗？"这是个什么句子？（反问句）

读出反问的语气。

换成肯定的说法，应该怎么说？（这是很伟大的奇观）

联系上文思考，"这"指什么？（海上日出）

你觉得第6自然段在全文中起什么作用？（总结全文）

（五）思

看到下面的词语，你会联想到哪些和它们同类的词语？请把它们填在下面的树形图里。

课件展示：

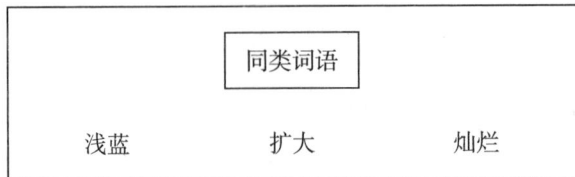

（六）写

完成求异思维训练册。

（七）课堂小结

为什么说"海上日出"是"很伟大的奇观"呢？下节课我们再读课文，深入探究。

第二课时

（一）课堂导入

（1）出示词语，同桌互相检查掌握情况。

（2）指名读课文。

（3）作者为什么称"海上日出"是"很伟大的奇观"呢？

（二）听

指名读读课文第2~5自然段，思考：作者此时的心情是怎样的？

（三）说

说一说作者此时的心情。（惊喜、盼望）

（四）读

全班交流：

转眼间天边出现了一道红霞，慢慢地在扩大它的范围，加强它的亮光。

①这句话中什么在变化？（红霞）

②为什么会有这种变化？（太阳要从天边升起来了）

③作者此时什么心情？（惊喜、盼望）

过了一会儿，在那个地方出现了太阳的小半边脸，红是真红，却没有亮光。

这句话运用了什么修辞手法？（拟人）有什么作用？（描写生动形象，字里行间流露出作者的喜爱之情）

太阳好像负着重荷似的一步一步，慢慢地努力上升，到了最后，终于冲破了云霞，完全跳出了海面，颜色红得非常可爱。

①这句话写的是什么？（太阳向上升）

②作者是怎样把太阳向上升的过程具体地写出来的呢？（作者将太阳在

海上升起的情形比作"负着重荷"。"一步一步""努力上升""冲破""跳出"具体生动地写出了太阳由慢到快向上升的过程）

③你从这句话中读出了什么？（太阳升起的过程是比较缓慢的）

④想象太阳升起来时吃力的样子，读出自己的感受。

一刹那间，这个深红的圆东西，忽然发出了夺目的亮光，射得人眼睛发痛。

①"一刹那间"是什么意思？（时间很短）除了"一刹那间"，你还知道哪些表示时间短暂的词语或短语？（转眼间、一瞬间、顷刻间……）

②"深红的圆东西"指的是什么？（太阳）

③为什么把"太阳"称作"深红的圆东西"？（既写出太阳的形状和颜色，又表达出作者对太阳的喜爱之情）

④为什么说太阳的亮光"射得人眼睛发痛"？（表现出阳光的强烈）

⑤太阳升起时是那么艰难、那么努力，现在终于升起来了，多么令人振奋呀！试着读出自己的感受。

然而太阳在黑云里放射的光芒，透过黑云的重围，替黑云镶了一道发光的金边。后来太阳才慢慢地冲出重围，出现在天空，甚至把黑云也染成了紫色或者红色。

①结合句子，品味"镶"字的表达效果，并想象语句描写的景象。

②这两句话中，你觉得哪几个词语用得好？为什么？（"镶""冲""染"等动词，既形象地写出了黑云遮不住太阳的奇特景观，也赞美了太阳奋力冲出黑云的重围、势不可当的上升力量）

③有感情地朗读句子。

作者是按照什么顺序来写海上日出的？（按照事物发展变化的顺序来写的，先写日出前的景象，再写日出时的景象）

①在文中找出表示时间的词语。（转眼间、过了一会儿、到了最后）

②请你按照时间顺序，用自己的话来说说日出时的景象。

（五）思

你看过日出吗？你看到的日出是什么样的？与作者看到的有什么区别？

（六）写

你也写一写你所看过的日出。

（七）课堂总结

《海上日出》来源于巴金先生真实的生活经历和内心体验。如果我们在生活中也像巴金先生一样处处留心、勤于观察，那么我们也会在大自然中有惊喜的发现。

（八）板书设计

海上日出

日出前　浅蓝　红霞

日出时 ⎰ 天气晴朗
⎱ 天空有云

雄伟壮丽

第七章

大单元教学法的理论内涵与实践应用

为未知而教，为未来而学。

——戴维·珀金斯

第一节　大单元教学的内涵

我是一位实践在一线的乡村教师，一直致力于农村语文课堂教学，本书的章节内容，是按照我的教学生涯从教学方法到教学思想再到课堂教学范式的递进与转变。高校的教育教学理论是从思想层面上构建理论，而一线教师则是从实践生涯中去发现理论，两者是相得益彰的。只可惜现在很多一线教师很少从理论的角度去观察课堂教学。

什么是大单元教学？1931年，美国的莫里逊便在芝加哥大学附属中学实践的基础上编著了一本名为《中学教学实践》的书，这本书首先提出了莫里逊计划，也就是莫里逊单元教学法。书里论述的单元教学法（unit teaching method）是将教材、活动等划分为完整单元进行教学的一种教学法。每个单元都有规定的学习目标和内容，时间长短因学习的内容和学生的个人情况而定。单元教学法的目的是改变偏重零碎的知识和记忆文字符号的教学，强调学生手脑并用才能获得完整的知识和经验。

莫里逊提倡的单元教学法使学生在数日或一周的时间学习一项教材或解决一个问题。教师在这个过程中负责选定和组织单元与指导学生学习。从1944年起，此方法在美国开始推行，后来这种方法在实践中演变成以学科单元、合科单元、设计单元、教材单元、经验单元、教学单元、学习单元等为主的单元形式。虽然单元形式多样，但教学过程一般分为以下四个阶段：预备阶段、开始阶段、实行阶段、总结阶段。

1923年，国民政府教育部颁发了《新学制课程标准纲要》，这样，我国单元型教材便诞生了。最初在1935年至1938年间，夏丏尊、叶圣陶编著的《国文百八课》正式形成以单元教学为手段的授课方式。1989年，以文体为单元的教材正式使用，1993年主题单元教学诞生了，2000年南京教研室提出了《"导学式"语文大单元教学》教学模式。"幼教之父"陈鹤琴也提出了"单元教学法"的概念。他提出的"单元教学法"是按照知识的系统结构和内在联系，把教材内容分成若干教学单元，分段组织教学的方法。他倡导的单元教学法的特点是以教材本身的知识结构为依据划分教学单元，学生按单元进行自学探究，系统地掌握知识，教师不采用逐节讲授的方式，而是运用综合性的教学方法分段进行教学。他倡导的单元教学法的教学过程包括四个环节：自学探究—重点讲授—综合训练—总结巩固。

　　我们理解的大单元教学，重点在于一个"大"字，从"大"字着手，从单元着眼，不再局限于单篇课文的教学，而是把整个单元的课文进行整合，甚至把好几个单元的课文进行整合，这样使课堂教学更具系统性与高效性。大单元教学就是要把师生从学科"小单元"中解放出来，扩大视野，提高层面，建构新的教材系统，使学生学习更具知识的系统性与逻辑性。

第二节 大单元教学设计的理念

《义务教育语文课程标准（2022版）》在课程理念中明确要求：构建语文学习任务群，注重课程的阶段性与发展性。义务教育语文课程结构遵循学生身心发展规律和核心素养形成的内在逻辑，以生活为基础，以语文实践活动为主线，以学习主题为引领，以学习任务为载体，整合学习内容、情境、方法和资源等要素，设计语文学习任务群。学习任务群的安排注重整体规划，根据学段特征，突出不同学段学生核心素养发展的需求，体现连贯性和适应性。

为了适应时代的发展，语文核心素养培育要求和统编小学语文教材、课程的实施，作为一位小学语文教师需要提升课程教学理念的站位，从聚焦单一的知识点、单篇课文，转变为关注整个教学大单元，以整合的理念组织单元教学，创设真实情境、设计富有实效的语文教学任务作为课堂组织方式，把学生转变为课程学习的主体。因为指向核心语文素养的大单元设计是立德树人、发展素质教育、深化课程改革的必然要求，也是落实学科核心素养的关键路径，能有效地改变当前"一味追求学生的成绩，而全然不顾学生语文核心素养的培养和思维训练"的现状。

大单元教学设计到底有着怎样的价值？它能从大处着手把握单元教学的目标和要求、重难点；从微观上，它又能对单元中的课文进行整合和对比，使学生在整合学习的过程中既习得知识，又运用了知识。同时，大单元教学有利于提高学生的思维发展水平，提升学生的思维品质，形成学生终生难忘的学习技能。大单元学习也有利于调动学生学习的自觉性和积极性，大单元教学也要以学生智力发展为最终目标。

一、小学语文大单元设计的运用方式及价值

语文统编教材的编写充分考虑了学生不同学习任务的特质和要求，将一个个独立的单元综合起来，灵活地把"听、说、读、写"整合起来，落实到生字词教学、重点句段篇教学等，可以通过以下两种思路进行教学设计。

第一种方式：以课本某一个单元，或者以整本书的阅读为主，再根据单元教学重点设置相应的学习实践活动。如整本书的阅读与读书分享会的整合、单元阅读与拓展阅读的整合、单元阅读与习作小练笔的整合、单元阅读与生字词教学整合等，都是从整个单元进行统整的。

第二种方式：以单元一体化设计的学习活动为核心，拓展相关资源的阅读。如习作单元的教学、策略单元的教学等，都是以单元一体化设计的活动为核心的，都是强化学生能在真实情境中学习和运用语言，在个性化的活动与实践中培养语文核心素养。

二、小学语文大单元教学如何备课

《义务教育语文课程标准（2022年版）》在课程目标里，明确界定了语文课程围绕核心素养，体现课程性质，反映课程理念，确立课程目标。大单元教学是以学科核心素养为纲，要求教师超越内容标准，摒弃以知识点为单位确定教学目标的做法，立足学科学业质量要求，依据教材内容和学情，厘清内容标准，自上而下、从抽象到具体地划分学期、单元乃至课时目标。

1. 立德树人

在解读课程标准的基础上，我们将立德树人根本任务、语文核心素养和语文课程标准转化为教学目标；围绕教学目标，将教材内容转化为教学内容，结合教学内容，设计大单元教学设计。

2. 以学定教

为避免教与学的脱节，教师在教学设计中要坚守学生是学习的主体，以学定教。将教学立足点定位在学生的知识和经验基础上，教学过程符合学生的认知规律，利于学生掌握知识、发展能力、提升素养。

179

3. 设计学习单元

教学内容和思想方法既是相对独立，又是相互关联的，语文是在原来的基础上发展起来的。为了避免知识的碎片化、学习的孤立化，我们采用单元教学，设计一些学习"支架"，依据课标和教材重组教学内容，从而使设计内容既相对独立，又体现课程要素。

第三节　大单元教学设计的实践应用

我在多年的教学实践中，针对大单元教学设计出"四步法"语文大单元整合课，下面对其进行详细说明。

一、"四步法"语文大单元整合课的内涵

"四步法"语文大单元整合课是在教学过程中，以识字过关课、听说训练课、读写结合课、拓展阅读课四种课型为载体，进行单元课文整合教学，师生、生生、生本多维互动，构成单元课堂教学的基本结构。"四步法"语文大单元整合课这一教学模式遵行新课标的基本理念："为了每一个学生的发展"。在教学过程中，除了要让学生掌握当前的知识以外，还要培养学生的核心素养，只有这样才能有效促进学生的全面发展。

二、"四步法"语文大单元整合课的形成背景与理论基础

（一）"四步法"语文大单元整合课的形成背景

"四步法"语文大单元整合课是在现在语文教学中对学生语文核心素养培养缺失的背景下产生的。什么是小学语文学科的核心素养？我对本镇的语文教师进行过问卷调查，90%的语文教师表示不了解。试想，教师作为学生语文学习的引路人，连什么是语文核心素养都不了解，谈何语文教学？那么什么是小学语文学科的核心素养？

（二）"四步法"语文大单元整合课的理论基础

《义务教育语文课程标准（2011年版）》指出："语文课程应致力于学生语文素养的形成与发展。""九年义务教育阶段的语文课程，必须面向全体学

生，使学生获得基本的语文素养。"小学语文学科核心素养就是义务教育语文课程培养的核心素养，是学生在积极的语文实践活动中积累、建构并在真实的语言运用情境中表现出来的，是文化自信和语言运用、思维能力、审美创造的综合体现。

三、"四步法"语文大单元整合课的设计

我结合当今的时代特征和新课程改革的需要，在2012年开始进行关于学生语文素养培养的探索和研究，逐步形成了自己的教学思想——"效度式"语文教学思想；在这一教学思想的引领下形成了自己的教学模式——"四环多维"语文乐学课堂教学模式；在此基础上，打磨出了基于核心素养的"四步法"语文大单元整合课教学模式。"四步法"语文大单元整合课是在单元教学的过程中，把单元里的课文进行立体整合。

四、"四步法"语文大单元整合课的实践与反思

（一）"四步法"语文大单元整合课的教学实践

统编版语文六年级上册第二单元的主题是革命岁月，共有五篇课文——《七律·长征》《狼牙山五壮士》《开国大典》《灯光》《我的战友邱少云》，其中《灯光》《我的战友邱少云》是略读阅读课文。按照传统的课堂教学模式会将每篇课文安排两个课时进行教学，学习生字和课文各占一个课时；而"四步法"语文大单元整合课则是把单元的课文进行整合，整个单元的教学流程主要以四类形式整体推进，第一步是"识字过关课"，第二步是"听说练习课"，第三步是"读写结合课"，第四步是"拓展阅读课"，力图在听、说、读、写四个步骤的练习中，在师生、生生、生本多维互动中，让学生理解课文内容，培养学生的语文核心素养。

1. 识字过关课：单元整合识字，提高识字效率

识字过关课，在识字教学过程中，摒弃了传统的逐课识字方法。传统的逐课识字法有以下弊端："高耗低效""回生率高""兴趣缺失"，学生在这种传统的识字教学中逐渐失去了识字的兴趣。为了改变这一弊病，我在教学过程

中，尝试把一个单元的生字进行整合教学，如统编版六年级上册第二单元的主题是革命岁月，主要通过以下方法进行整合，把第二单元需要掌握的生字词进行整合教学。

（1）学生整合预习生字。在单元教学之前，由教师布置学生进行单元的生字预习，先把每一篇课文的课后生字进行组词、预习。这样的整合过程，实际上就是让学生自主识字，自主探究学习。学生在预习本单元第一篇课文的时候，会养成个性化的预习方法，而在预习本单元第二、三篇课文时，会对之前的预习方法进行再实践和调整；在预习本单元第四篇课文的时候，学生把自己已养成的学习方法进行拓展和应用。可见，在整个预习的过程中，学生经历了由不懂到懂，由不会到会，这个过程也是学生养成语文核心素养的过程。

（2）教师整合教学生字。教师改变过去逐课教学生字的方式，可以根据每个单元生字的特点进行归类整合。可以把单元里每篇课文的生字按音序进行整合，如把平舌音的放在一组进行教学等；也可以把单元里每篇课文的生字按字的结构进行整合，如左右结构的整合在一起进行教学等；还可以把单元里每篇课文的生字按字义进行整合，这样的整合教学，跳出逐课学习的框架，实现高效学习，海量识字。

（3）师生整合复现生字。师生整合复现生字，通常采取学生喜闻乐见的方式，如开火车、指名读、分组读、小组读、比赛读、练写、听写、比赛写等方式，把单元整合学习的生字进行二次、三次甚至是多次的复现，从而实现对生字的掌握和巩固，这种方式能培养学生的语文核心素养，激发学生的识字兴趣，让学生主动识字，形成识字能力。

2. 听说练习课：单元整合听说，培养核心素养

听说练习课，在学生完成两个课时的"识字过关课"后便可进入"听说练习课"。听、说、读、写的培养是学生语文核心能力的培养，是语文教学四个重要组成部分，它们之间紧密相连，相互促进。学生"听、说、读、写"能力的高低直接决定了其语文学习能力的高低。传统的语文教学，只限于让学生听老师说，很少让学生聆听文本。为了改变这一情况，我在教学的过程中，尝试把一个单元的聆听课文与练习说话整合为两个课时进行教学。

（1）整合课文，学会聆听。听是学习语文的开始，学生往往不屑于听，不会听，不善于听，因此，教师在指导学生倾听时，就要了解每篇课文的特点，选择不同的方式让学生聆听，如《难忘的八个字》一课可以用问题导读法，设置以下问题："这难忘的八个字是什么？是谁说的？她为什么说这八个字？这八个字起到了什么作用？"让学生在聆听的过程中，思考教师整合的问题，便于教师引导学生聆听。这样不仅有助于学生理解课文内容，还能帮助学生掌握核心素养即语文学习方法，养成良好的学习习惯。

（2）掌握方法，练习表达。培养学生掌握"听"的科学方法。还要要求学生集中精力，把所聆听到的内容进行整理，重新表述，通过表述，重唤起他们对相关知识、资料、概念的记忆，形成师生间的良性互动。例如，《十二次微笑》一课，可引导学生找关键词"微笑"进行听说的训练，一边听课文朗读，一边找文中所出现的"微笑"这个词语，然后在听的基础上，让学生说，"说一说：你一共找到多少处带有'微笑'这个词语的句子，请读一读，说说你的想法。"这样的教学过程，实际上就是一个学生语文核心素养养成的过程，摒弃了过往的说教教学模式，把时间留给学生聆听，与文本对话，与文本交流，理解文本，用语言与思维去重整文本，表达文本。

3. 读写结合课：单元整合读写，培养核心素养

叶圣陶说："阅读是吸收，写作是倾吐。"现阶段很多一线教师都将大量时间消耗在文本解读上，注重对课文的分析，这也是造成语文教学耗时多而低效的原因之一。文本解读式的课程形态与语文课程培养学生社会交际能力的要求是不对称的。新课标要求语文课程应对接现代社会对本课程的要求，建构理解和运用并重，并朝向运用的课程形态，培养学生的语文核心素养。

（1）整合单元词语，积累练习表达。词语是句子的基础，要想提高学生的表达能力，就应当从词汇积累开始。读写结合课是教师先整合本单元四篇课文的词语，然后要求学生运用这些词语进行表达训练，如统编版语文教材三年级上册第一单元，本单元的语文要素是："阅读时，关注有新鲜感的词语和句子。"读写结合课中，根据这一语文要素，应从本单元课文中具有新鲜感的词语入手，对学生进行语言文字的训练。

（2）整合单元句段，创新练习表达。读写结合课在注重词语积累表达的基础上，还着力于句子的创新练习表达。在一个单元四篇课文的教学中，改变了过去逐课讲、逐段讲的模式，有的放矢地对重点句段进行创新练习表达，如统编教材六年级上册第五单元，本单元的语文要素之一是："体会文章是怎样围绕中心意思来写的。"在学习本单元的课文中，学生学会找中心句，并能说出课文是怎样围绕中心句来写的，这个问题看似简单，可是过去，我们的教学都是由教师的讲解、分析代替学生的理解，虽然学生能获得知识，却不能形成能力。教师应把课堂时间还给学生，让学生在阅读中理解，在思考中表达，在表达中提升，把自己的看法通过语言进行表达，学生的语文核心素养便会渐渐地养成。

（3）整合文章写作方法，迁移练习表达。读写结合课除了注重词语积累表达以及着力于句子的创新练习表达，还要整合文章的写作方法，进行迁移练习表达。例如，统编版语文教材六年级上册第二单元，本单元的习作要素是："尝试运用点面结合的写法记一次活动。"第二单元中五篇课文的主旨都是通过点面结合的方法描写场面，刻画英雄人物形象，因此可以要求学生运用点面结合的方式进行描写人物的片段练习。这样的表达练习，是"碎片式表达训练"的克星，只有经过重整式的训练，学生才能掌握完整的表达方法。

4. 拓展阅读课：单元拓展阅读，培养核心素养

一个单元的语文学习经历了识字过关课、听说训练课、读写结合课6个课时的训练后，接着进入到第7~8课时拓展阅读课。拓展阅读课主要是在前面6个课时集中对单元文本从识字到听说读写的训练后进行拓展阅读的迁移训练。例如，统编版六年级上册第四单元三篇课文，都是通过环境描写、刻画人物形象等方面赞美人物的高贵品质的文章，根据这一训练内容，这两个课时，共准备了两篇类似的文章，提供学生进行阅读拓展，让学生自读、品读、互读、评读，在大家相互的讨论中，学生对课文内容就清晰地掌握了，并在此基础上，让学生用上小标题，简要地复述课文内容，在复述分享的基础上，写下来。在学生阅读理解课文之后，以原文的终点作为习作的起点，联系课文和自己的生活经验，展开合理的想象，对课文的故事进行续写。

（二）"四步法"语文大单元整合课的教学反思

1. 梯度式与网状式齐头并进

以"四步法"语文大单元整合课推进的语文教学的教学过程必须具备以下两个特征：梯度式、网状式。"四步法"语文大单元整合课中，学生、教师、文本并非互相独立的个体，而是在言语实践活动中，师生之间、生生之间、生本之间，形成网状式，环环相扣，学生的语文核心素养得以提升。

2. 主导性与自主性互为补充

以"四步法"语文大单元整合课范式进行的课堂教学，既充分发挥教师在课堂教学活动中的主导性，又需要在言语实践活动过程中，让学生充分参与，在参与当中学生的语文素养得到成长。

3. 独立性与系统性相辅相成

"四步法"语文大单元整合课的四类课型既独立存在，又相互融合。每类课型都有其独特的任务，但又与其他课型融会贯通。在如此环环相扣的言语实践课型中，实现能力的整合，使学生语文核心素养得到提升。

第四节　大单元教学设计实践案例

《匆匆》+《和时间赛跑》第二课时教学设计

【教学目标】

1.学生有感情地朗读课文，背诵课文，了解课文主要内容。

2.学生品析文章表情达意的方式，体会课文通过问句表达真情实感的作用。

3.学生仿照课文段落学习表达对"时间之流"的感触。

4.拓展阅读，迁移运用，体会作者如何通过选择合适的内容表达真情实感。

【教学重点】

品析文章表情达意的方式，体会课文通过问句表达真情实感的作用。

【教学难点】

仿照课文段落学习表达对"时间之流"的感触。

【课时安排】

一课时。

【课前准备】

课件。

【教学过程】

（一）课堂准备

（1）课件展示、诵读古诗《长歌行》：

> 青青园中葵，朝露待日晞。
>
> 阳春布德泽，万物生光辉。
>
> 常恐秋节至，焜黄华叶衰。
>
> 百川东到海，何时复西归？
>
> 少壮不努力，老大徒伤悲！

（2）师生谈话，导入新课：同学们，我们已经知道了课文中写到的时光匆匆的特点。时间的流逝本是司空见惯的现象，作者为什么能写得如此感人？今天我们一起走进朱自清的散文——《匆匆》。

（3）课件展示，介绍作者：朱自清，中国散文家、诗人、古典文学研究家。原名自华，江苏扬州人，早期诗作表现对黑暗现实的忧愤和对光明、对美的憧憬，散文风格素朴、清新，以语言洗练、文笔秀丽著称。

（二）聆听朗诵，整体感知

聆听课文，思考问题：

课文中有两处使用了一连串的问句，请同学们用笔在文中画出来，说说表达了作者怎样的内心感受，体会这样表达有什么好处。

（三）说话表达，习得写法

1. 学习反问修辞手法的表达效果

（1）指名反馈，学生分享：课文中哪些地方使用了一连串的问句呢？谁来说一说？

（2）指名反馈，学生分享：同学们，这一连串的问句有怎样的表达效果？

教师小结：作者在课文中使用了12个问句，以一连串的问句，不断追问，扣人心弦。这些问句在文章结构中，巧妙地起到了情感线索的作用，点明中心，深化主题。

2. 学习排比、对比修辞手法的表达效果

（1）课件展示，分享表达。

"燕子去了，有再来的时候；杨柳枯了，有再青的时候；桃花谢了，有再开的时候。"这句话运用了什么修辞手法，有怎样的表达效果？

（2）课堂测试，巩固掌握。

（四）变式朗读，习得写法

学习排比、拟人修辞手法的表达效果：

（1）变式朗读，习得写法：老师把第3自然段变成了一首诗歌，谁想来读一读？

（2）思考表达，指名分享："太阳他有脚啊，轻轻悄悄地挪移了，我也茫茫然跟着旋转。"这句话运用了拟人的修辞手法，生动形象地写出了时间在不知不觉中悄悄地消逝。同学们，你还发现了什么修辞手法？

（3）思考表达，指名分享：同学们，时间的流逝本是司空见惯的现象，作者为什么能写得如此感人？

（4）课堂测试，巩固掌握。

（五）练习表达，运用写法

学习比喻修辞手法的表达效果：

（1）指名朗读，品读感悟："在默默里算着，八千多日子已经从我手中溜去，像针尖上一滴水滴在大海里，我的日子滴在时间的流里，没有声音，也没有影子。"

（2）练习表达，指名分享：这句话运用了什么修辞手法？有怎样的表达效果？

（3）练习表达，运用写法：时间的流逝本是司空见惯的现象，为什么作者却能写得如此感人？仿照课文第3自然段，用一段话把你的感触写下来。

（4）指名分享，朗读仿写：请同学们分享自己的仿写。

（5）指名分享，谈谈收获：感谢这位同学的分享。时光流逝我们无法控制，但是我们要思考：在飞快流逝的时间里要做些什么？做些什么有意义的事，才能不负光阴，不负自己的青春？

（六）拓展阅读，迁移运用

1. 聆听朗读，感悟文本

今天，老师还给同学们带来另一篇与珍惜时间有关的文章，它就是台湾作家林清玄所写的《和时间赛跑》。

2. 思考问题，指名分享

（1）阅读《和时间赛跑》这篇文章，你知道了这篇文章讲了什么事情？

（2）阅读这篇文章，你明白了什么道理？请同学分享自己的阅读感受。

3. 教师小结，小结收获

作者林清玄通过回忆叙述童年珍惜时间的往事，选择合适的内容，写出了真情实感，让真情在笔尖流露。

4. 教师总结本节课收获

《匆匆》《和时间赛跑》这两篇文章，通过选择合适的内容，运用合适的表达方法，写出了对时间流逝的无奈和感慨，告诉人们要学会珍惜时间（小结板书）。

（七）课堂结语

同学们，时间过得真快，我们的微课堂又要结束了，愿同学们在今后的人生道路上，做个珍惜时间、和时间赛跑的人。假若你一直努力，你就一定能成功。加油吧，同学们！

（八）板书设计

《匆匆》+《和时间赛跑》

选择合适的内容+运用合适的表达方法　　　　　学会珍惜时间

参考文献

［1］杨志华.名著阅读中思维工具的开发与运用［J］.中国教师，2018（11）.

［2］叶澜.教育研究方法论初探［M］.上海：上海教育出版社，1999.

［3］陈玉秋.语文课程与教学论［M］.南宁：广西师范大学出版社，2004.

［4］黄全明，陈树宝.小学语文教育科研［M］.杭州：浙江教育出版社，2001.

［5］潘海燕，陈庆礼.自主生长式教师专业发展实践案例［M］.南京：南京大学出版社，2019.

［6］赵国庆.思维可视化［M］.北京：北京师范大学出版集团，2016.

结 束 语

勇气的力量

老师们，你是否对平淡无奇的教学工作感到乏味？你是否感到自己不能体验到职业的幸福感？你是否认为教师职业只是一种谋生的手段？在三尺讲台上，你是否不再有那种激动的情怀？那么你还记得你第一次走上三尺讲台的感觉吗？是兴奋、是激动、是彻夜难眠，只是随着时光的流逝，在我们日复一日的平凡工作中，失去了当初的热情，失去了那种奋发向上的正能量。随着年龄的增长，大家都接受了自己的平凡，接受了"我不过如此"的现实。其实，我们可以变得不一样，可以让我们的日常教学工作更有趣，我们可以成为教学工作的创造者，而不只是知识的"搬运工"。我们可以变得不一样，可以对教学更有自信，只是我们丢失掉了那份勇气，当初那份憧憬未来的勇气的力量。如果你愿意，我们可以一起把那份当初的勇气找回来。

一、教师要有开放课堂的勇气

如果问教师：谁愿意开放自己的课堂？不管名师也好，普通教师也罢，都缺少一份敢于开放自己课堂的勇气。这种胆怯源于教师自信心的不足，同时也是对自身专业水平的不自信。一些教师教书几十年，基本上都是在关起门来上课，缺少开放教学的勇气。对自己课堂教学不足的地方不自知，因为人总是像诗中所说："横看成岭侧成峰，远近高低各不同。"正所谓"当局者迷，旁观者清"。一位教师如果想让自己的教学技艺快速地成长起来，就要鼓起勇气，就要大胆地将自己课堂教学的大门打开，把同学校、同年级的教师都请进来，大胆地展示自己的课堂，让他们为自己的课堂把脉诊断，甚至可以邀请其他学科的教师来听课，如果不同学科的教师能听懂你的课，说明你的课堂是有效的课堂，如果不同学科的教师听你的课后，感觉理解很吃力，那你就要好好反思一下：是否把教学内容拔高了，是否没有把教学内容讲清楚，是否自己的课堂教学活力不够，无法引起学生的兴趣。如果你不开放你的课堂，你永远无法获得这些反馈。所以，教师要有开放课堂的勇气。开放课堂，不是为了出风头，不是为了成为名师，而是为了更好地教学，让听课的教师多为你提出建设性的意见。很多教师都认为："我不想做名师，我只想当一名普普通通的老师，所以，我不想开放自己的课堂。"这实则是一种"闭门造车"的教学行为，如果故步自封，必将走进死胡同，你将永远无法成长。如果大胆开放自己的课堂，就会让自己的教学走进一片崭新的天地。但有的教师就是没有这种勇气，那怎么办？我们可以采取循序渐进的方式，可以先开放自己的教学设计，如在认真做好教学设计后，把教学设计交给学科组长、同年级教师去评价，也可以在学科同年级备课组里进行集体讨论，集大家的智慧对教学设计的教学目标重新设定，对教学重难点进行修改，对教学环节的设计进行讨论，对不足的地方进行修改。经过集体智慧讨论过的教学设计，肯定是更优化的教学设计。然后再进行课堂教学，这样效果会更好。除了对教学设计进行公开讨论，第二种方法就是对自己的课堂教学环节进行"微录像"，可以录取整节课的教学过程，也可以对其中一个环节进行录像。课后，很多教师都不敢看自己的录像课，你要鼓起勇气，如果是胆怯的，可以悄悄地关上门，静静地翻看自己的教学录像，看看自己的课堂教学语言是否生动，是否简洁，是否有口头禅。先自己改正，当你觉得自己不再那么胆怯，可以勇敢面对自己的录像课时，可以把录像课公开发布，这个步骤可以逐步进行，先发布在自己学校的教研组群，再发布到学校教师群，最后发布到公众号上。其实，在这个过程中，教师不断展示自我，内心会变得越来越强大，越来越勇敢，教学技艺也会越来越好。

人的一生就是一个不断进行自我突破和自己超越的过程，勇气则是这个过程的催化剂，它可以帮助教师不断成长，从胆怯到勇敢，从闭门造车到开放课堂，教师也实现了自我的突破，实现了自我教育生涯的跨越。敢于开放的课堂一定是自信的课堂，自信的课堂必定能培养自信的学生。

二、教师要勇于创新教学方法

每位一线教师从教几十年，都有着丰富的教学经验，都积累了大量的教学方法，可是却永远只停留在经验层面。也少有教师想过，要把自己长期积累的教学经验分享给同伴，实现同伴互助。分享能让你的教学经验实现"1+1＞2"的效果，可以帮助更多的年轻教师，何乐而不为呢？教师如何创新自己的教学方法呢？教师要勇敢地确定自己教学方法的有效性，这份勇气来源于教师自己对这种教学方法长期的验证，是有一定的实践数据支撑的。这些实践数据所显示的教学方法的有效性也是教师对自己教学方法进行理论表达的底气和勇气。教师要大胆地提炼自己的教学方法，并对教学方法进行理论表达、实践推广。就语文教学而言，不同年级、不同的知识点、面对不同的学生，都有不同的方法。所谓教无定法，因人定教。教师要大胆在教学方法上进行创新，寻找最适合自己班学生的方法。例如，生字词教学中，"开火车"的方法虽然很传统，可却很受欢迎，基本上从一年级到六年级的学生都爱它，究其原因，不是它有多新颖，关键是它能让每个学生能参与其中，它可以照顾大部分的学生。可是"开火车"这方法，又显得有点老套，那怎么办？教师可以对"开火车"这一教学方法进行灵活创新，这就要加上些创意的想法。怎么创新？有的教师觉得无从下手。我们对任何一种旧的教学方法进行创新，都可以从以下两个方面着手。一是创新方法的名称，可以给这种旧方法换个学生感兴趣的名字，如可以换为"冲冲冲，加油向前冲""火车，火车，谁来开？""我是小司机"等。这个名字，可以由教师命名，也可以由学生自主命名，如果学生自主命名，我估计学生会更感兴趣。二是创新方法的形式，如"开火车"，可以将一个人开的形式，改为两个人、一小组人等不同形式；可以是单数式，也可以是双数式。其实，教师在课堂中有很多的教学小方法、小秘诀、小窍门，我们要善于把握这些小方法，给它们起一个好听且易记的名字，让它们在课堂教学中发挥作用。在经过长时间的实践后，让这些小方法成为自己的课堂小特色、小亮点，再把这些小特色、小亮点写在你的学期教学论文上。

三、教师要勇于开展课题研究

教师长期积累了教学方面的经验后，可以进行课题的申报研究。有的教师特别惧怕申报课题，认为课题是"高大上"的事，认为对自己来说是高不可攀的。申报课题的目的是什么？就是聚集一批志同道合的人，围绕某个教学问题，或教学现象，进行研究，以寻求解决这个教学问题或教学现象的策略方法。教师不要为了课题研究而进行课题研究，更不可以为了职称晋升而做课题，教学不应该带有功利性，只有源于真正的热爱，在课题研究过程中，你才会有源源不断的动力，你才会不断思考，寻求课题研究的最佳方案策略。课题研究是为了改进课堂教学而进行研究。改进课堂教学是为了学生的发展，包括教师的一切成长都是为了教学服务的，而教学是为学生服务的。课题研究的内容源于日常教学中难以突破的地方，课题研究范围宜小且精，不要空洞无物，抽象难懂。课题研究的内容要与自己的兴趣接轨，并且是建立在自己长期实践基础上的。因为在自己熟悉的领域，才能更好地做出教科研成果。

四、教师要勇于进行课题研究成果的推广

教师进行课题研究，进一步对自己积累的教学经验，在课题组里进行实践，在实践中进行验证、改良、再验证、再改良后，对成熟的教学经验进行理论提升，形成课题研究成果。随着课题研究成果的形成，大部分的课题研究也就跟着结束了，成果并没有得到进一步的推广应用。因此，教师应有进一步将课题研究成果进行推广的勇气，把课题研究成果以论文、反思、研究报告、讲座、课例的方式进行推广。在推广过程中，不断以评课、课后反馈、课堂效果追踪、问卷调查等方式进行课题研究，对某一地区的适用性进行数据分析。21世纪是一个大数据的时代，从数据看到事情的本质，从本质上去掌握规律。在进行大量的课题成果推广、数据分析、课题成果的改良后，可以进行教学成果的提炼。教学成果提炼的目的是让课题成果在更大的范围内得到推广，让更多的学生受益。

教师们在平凡的岗位上默默地耕耘着，过去从来没有想过要开放课堂、要创新教学方法、要开展课题研究等，其实我们所做的一切，都是围绕着教学，为我们的学生所服务。一个勇于开拓创新的教师，也必定会培养出勇于开拓创新的学生。所以，教师们，行动起来吧，不要胆怯，唤醒你内在的潜能，相信你是最棒的！

五、结语

行文至此，深深地感受到作为一线教师要出版一本专著，可真是一件不容易的事。除了工作的繁忙，还有自己的不自信：对自己专业水平的不自信，对自己文学修养的不自信。但是一种渴望向上生长的力量，让我坚持下来了，盼望读者阅读此书后，也能从中汲取这种力量，并付诸行动，努力向上生长……